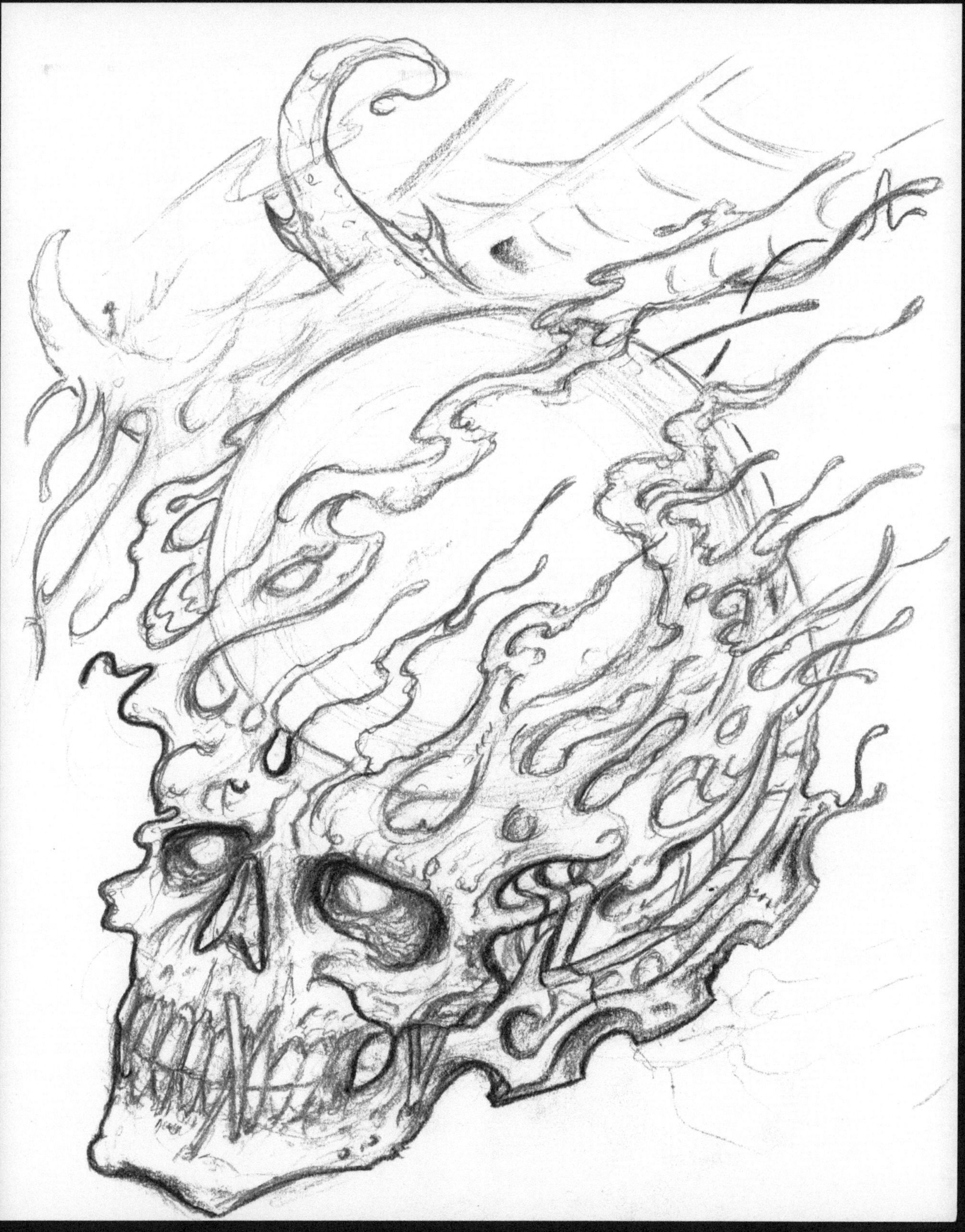

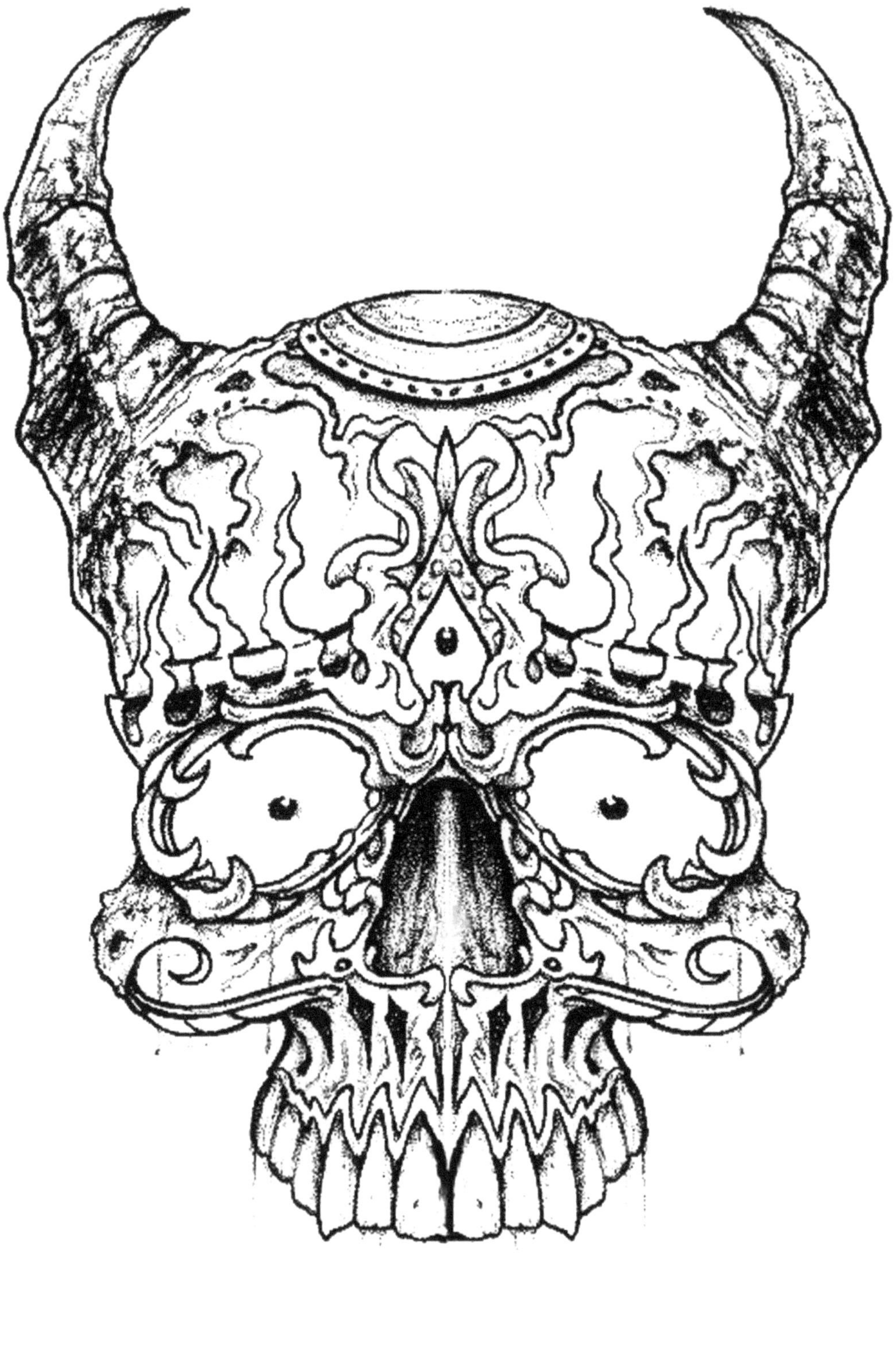

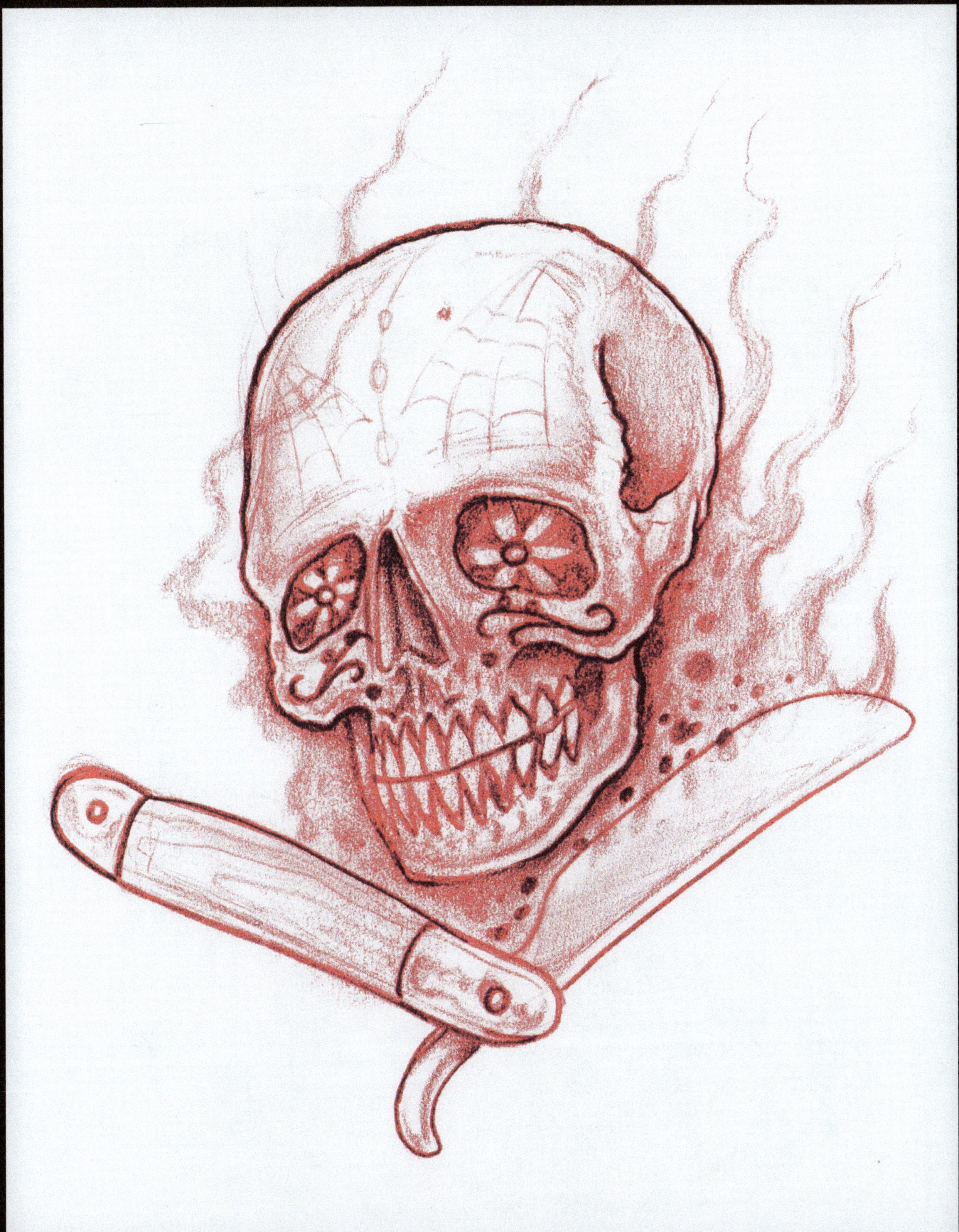

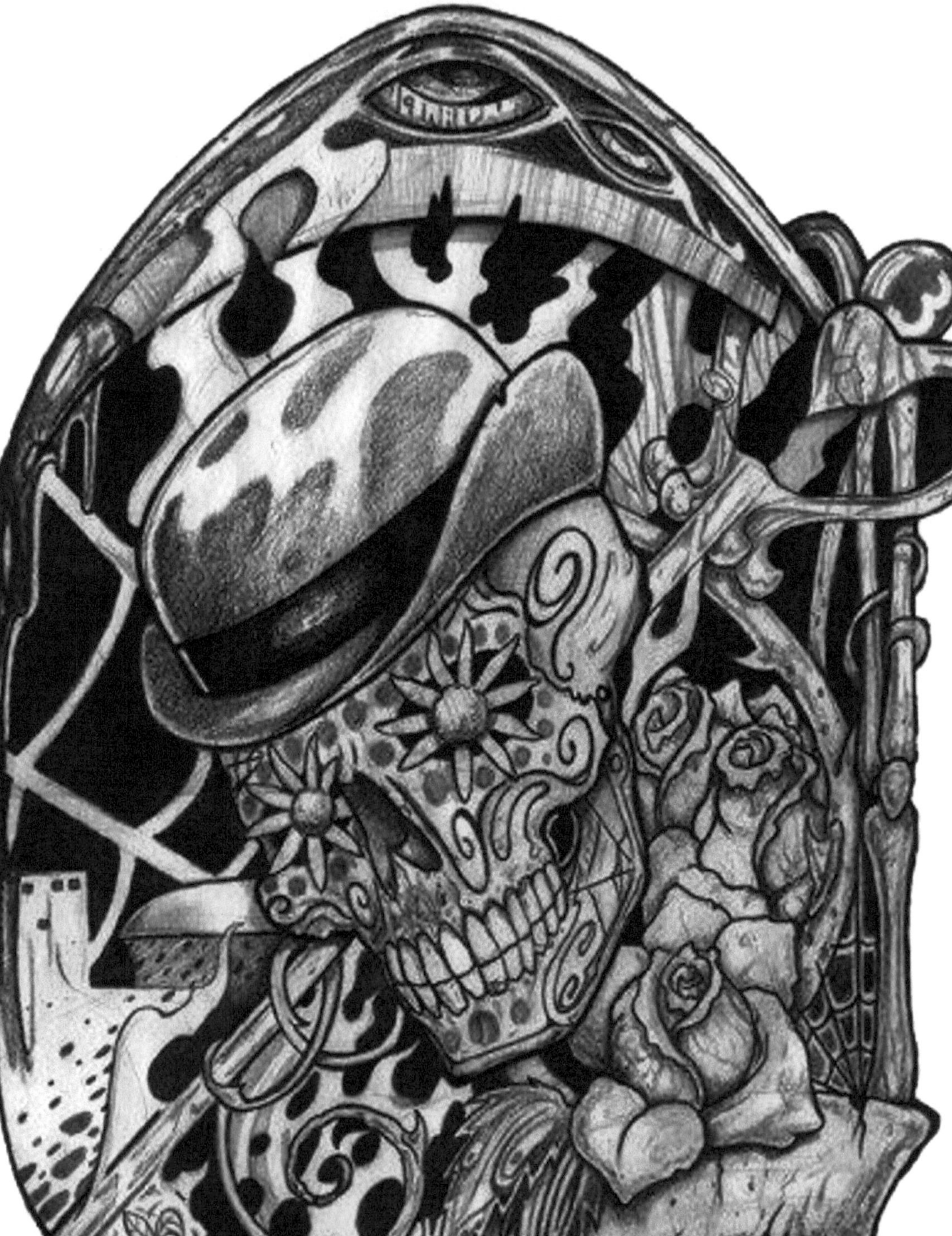

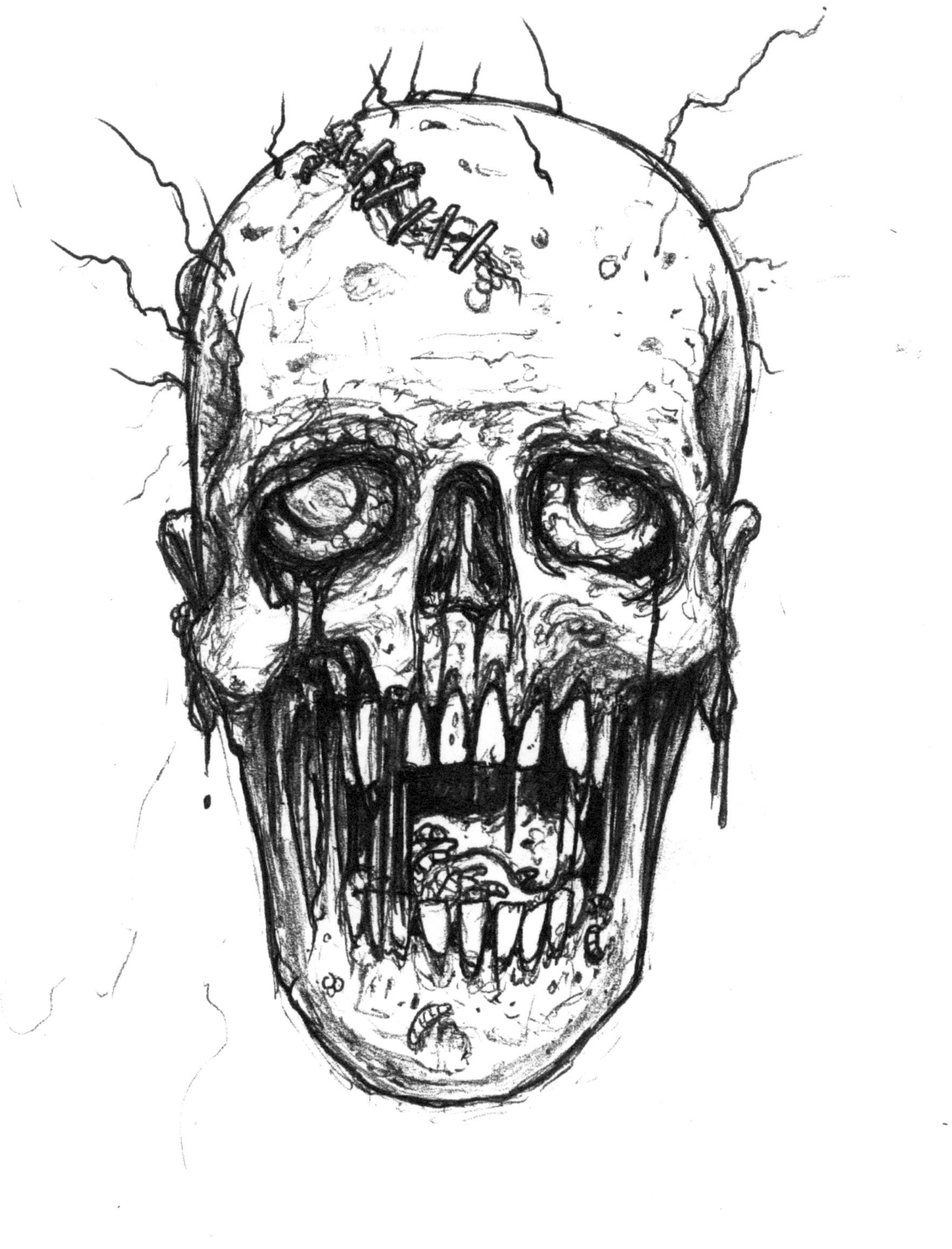

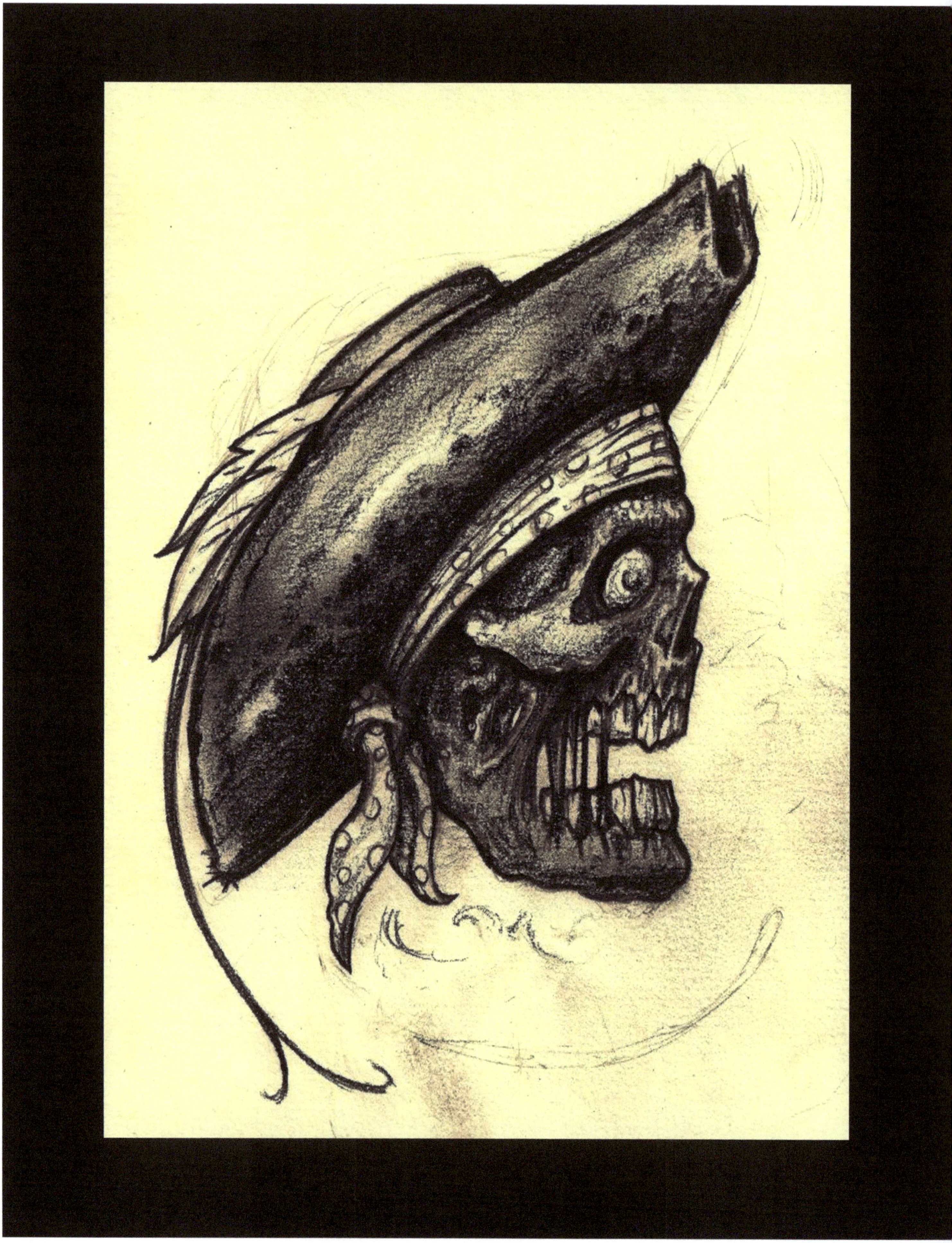

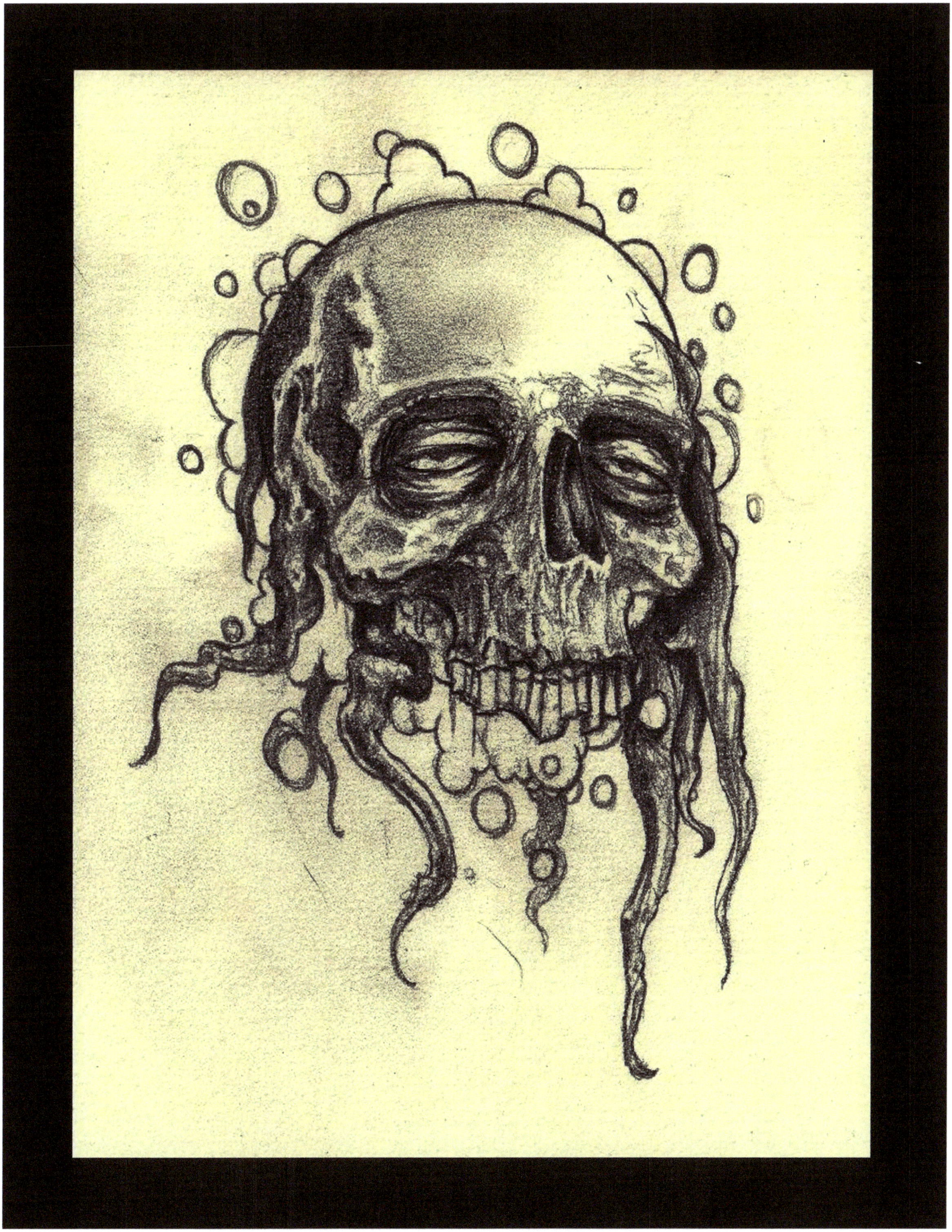

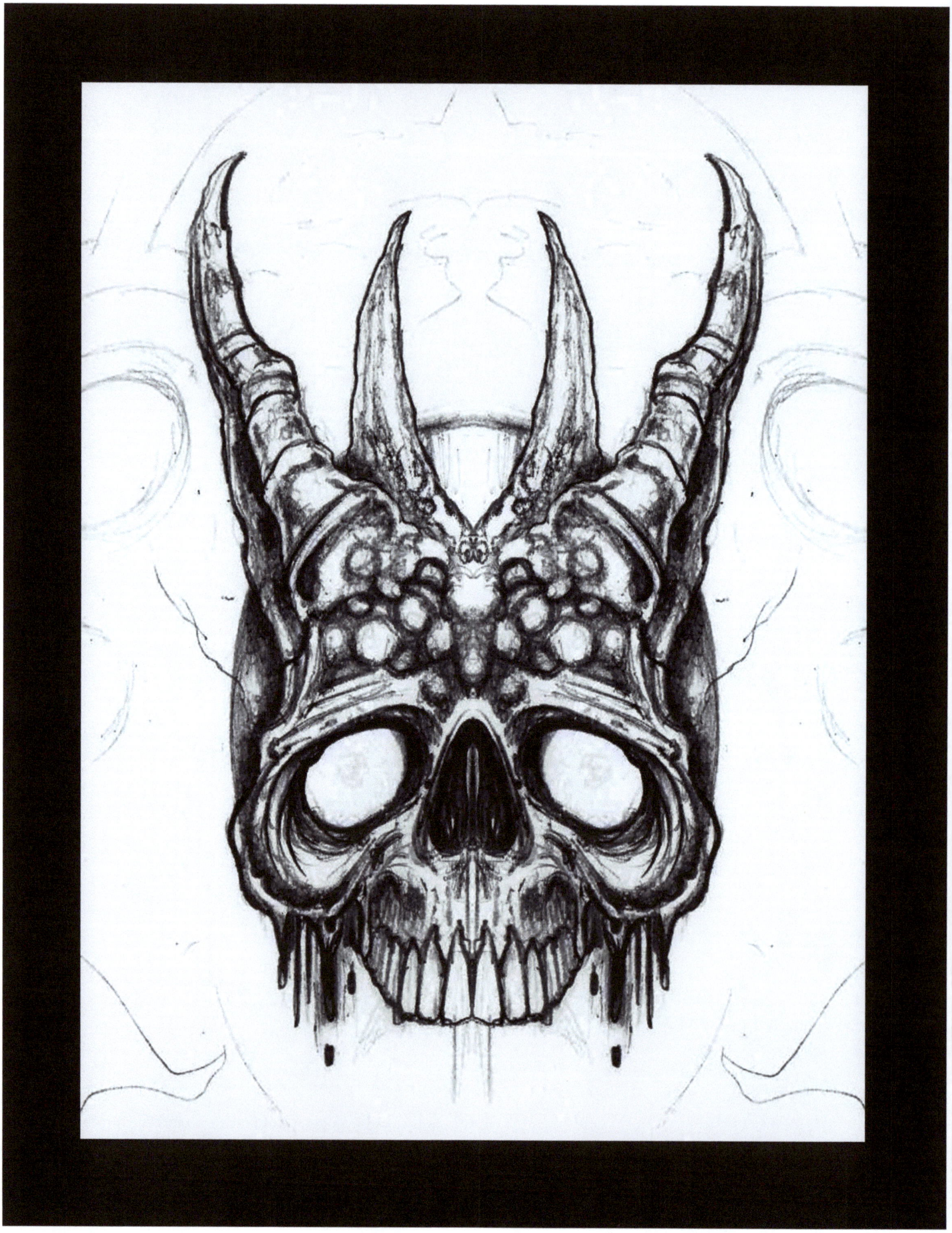

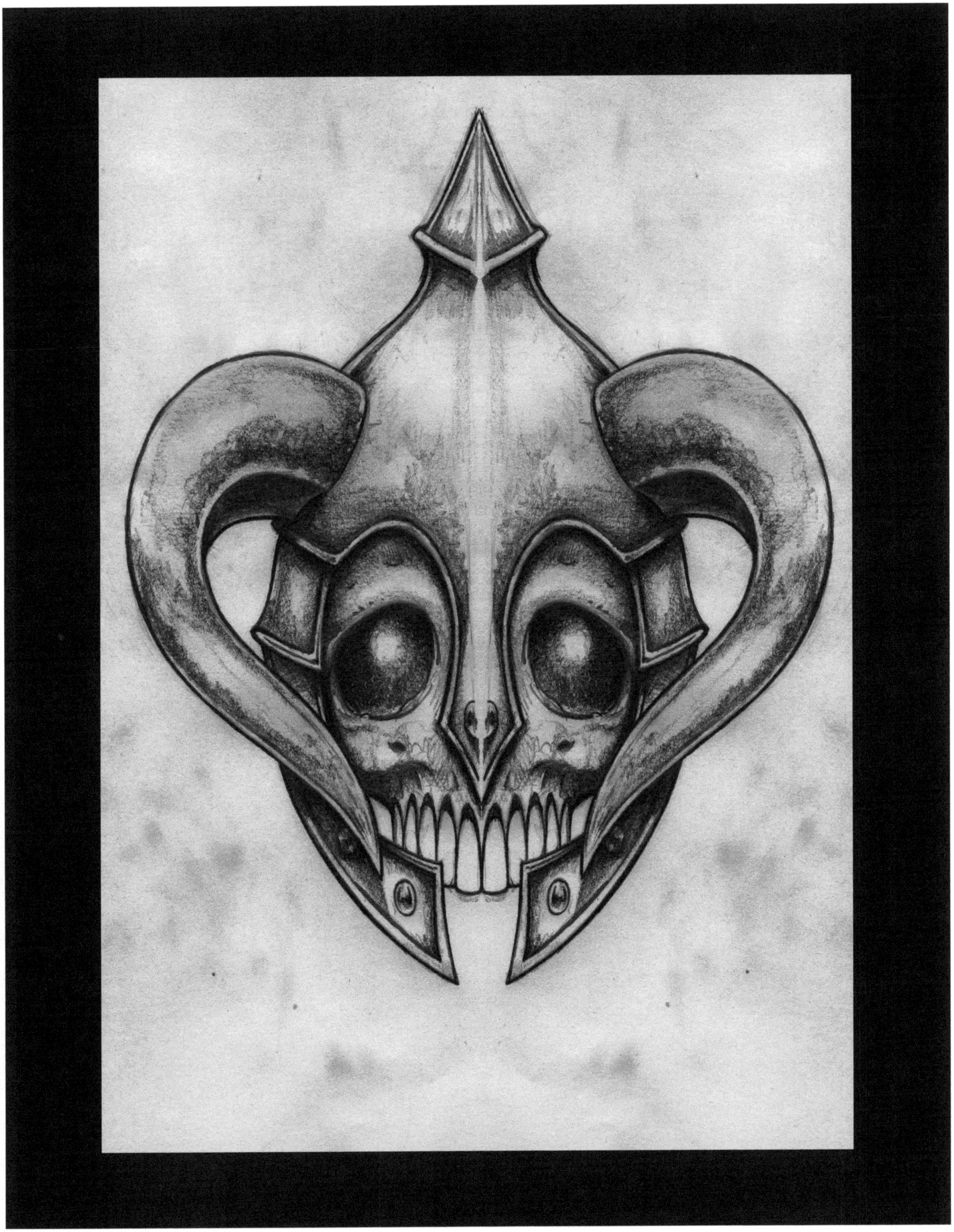

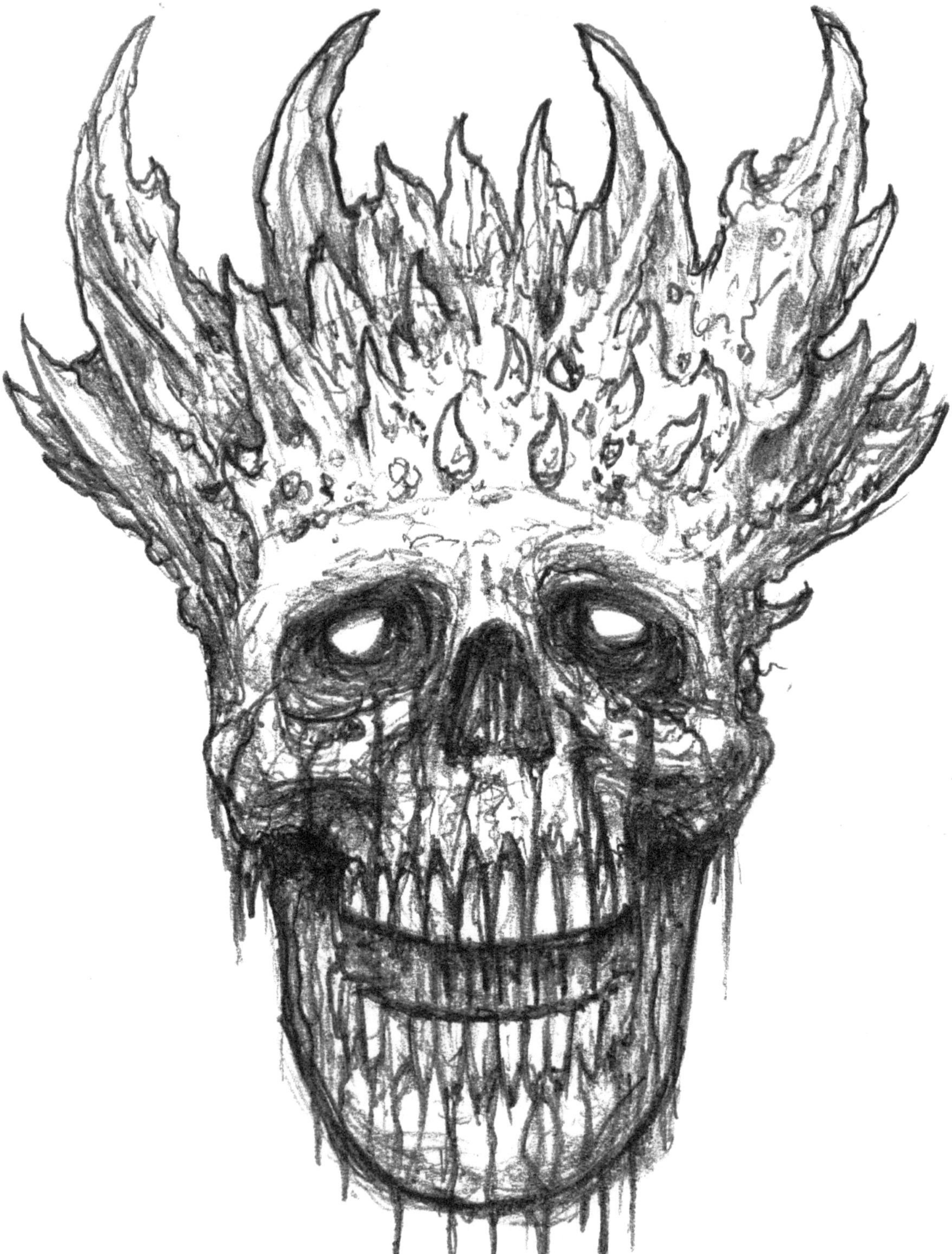

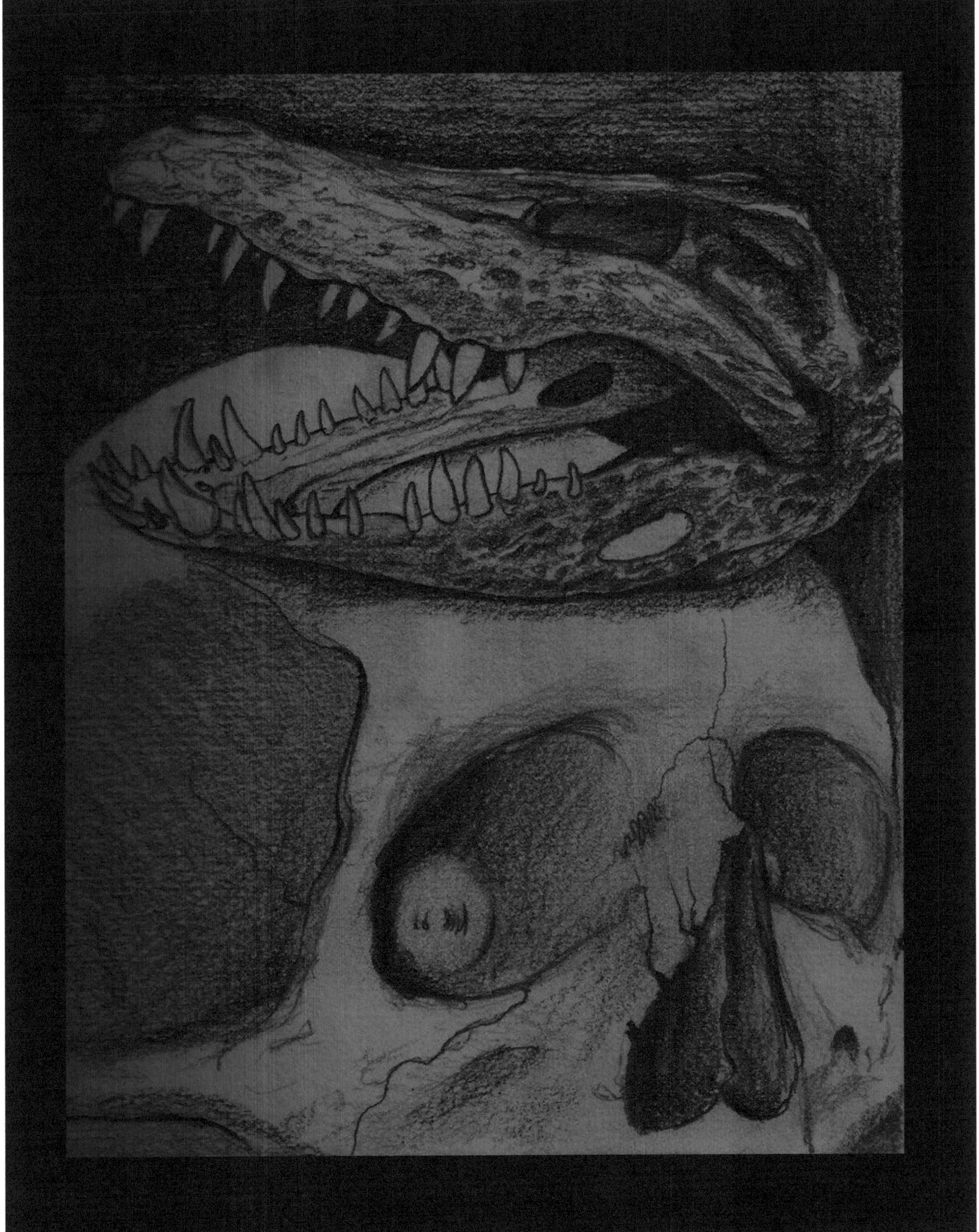

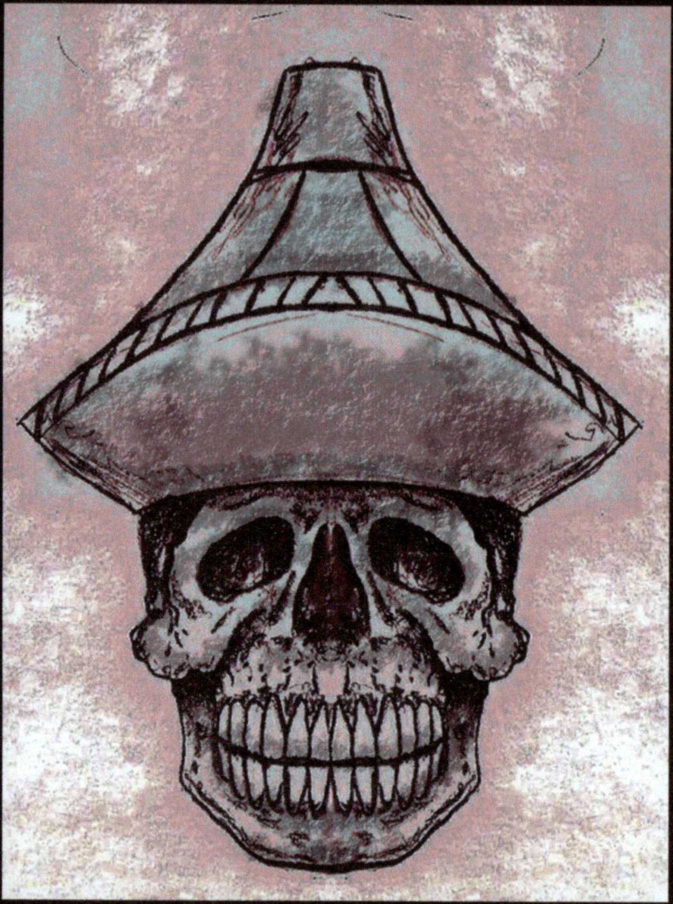
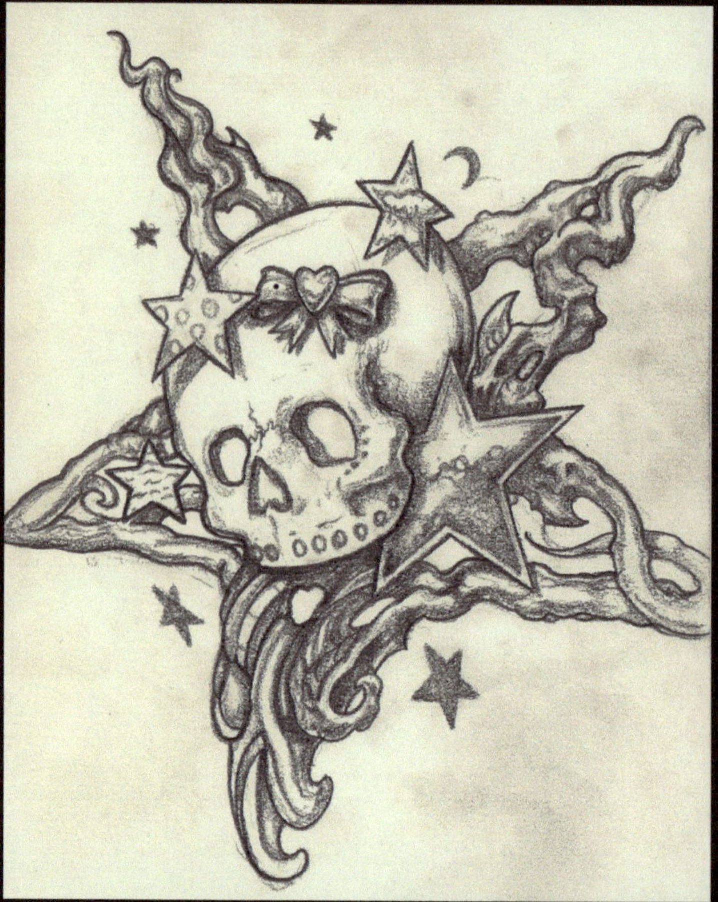
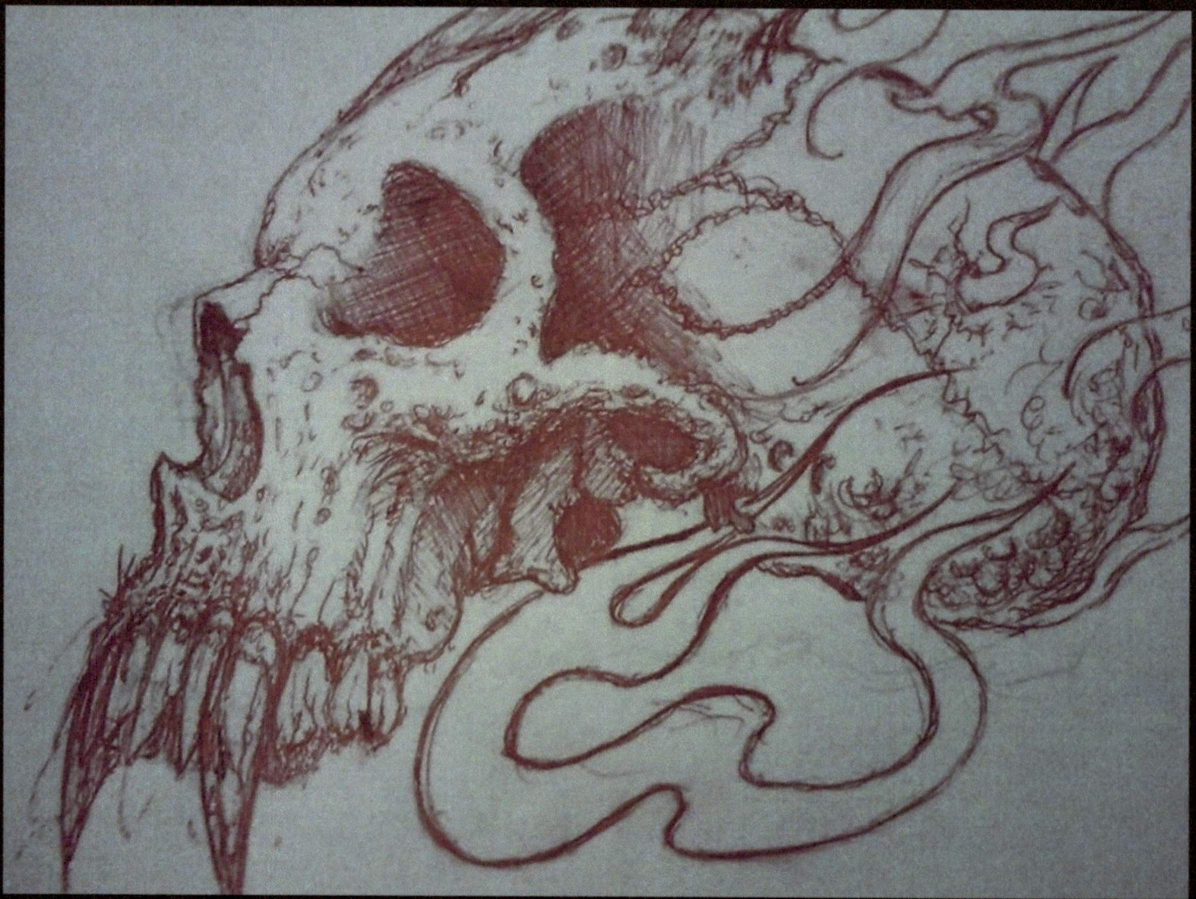

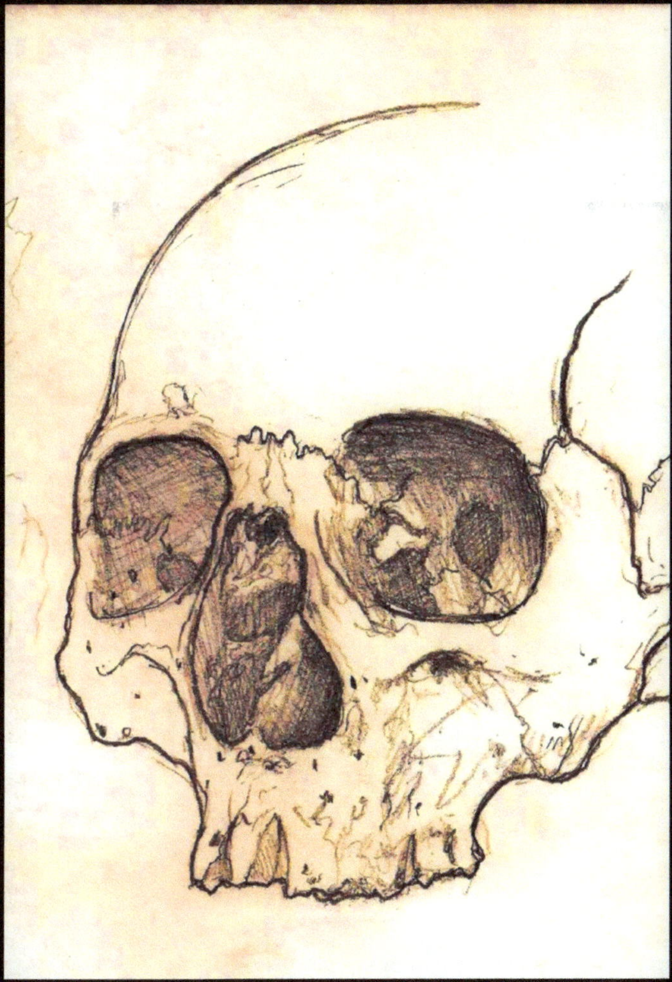
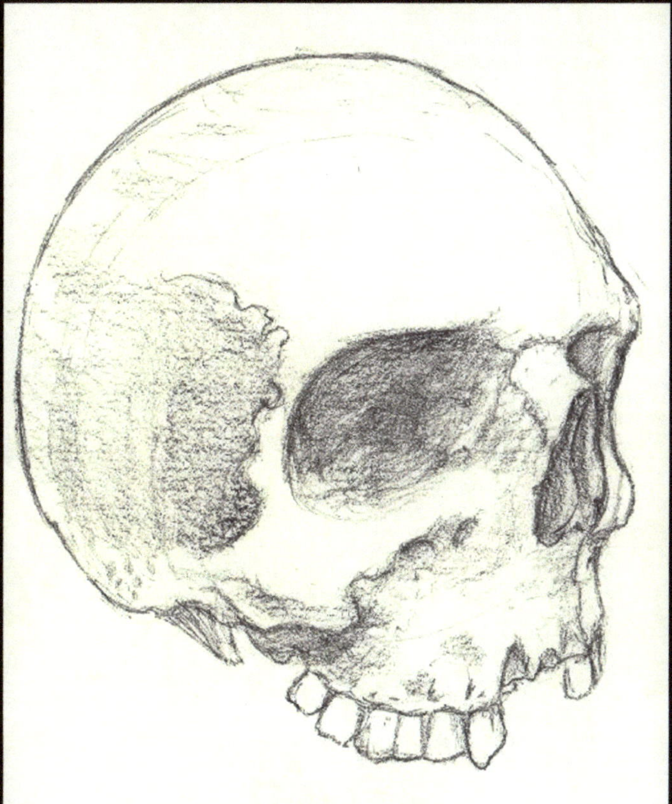
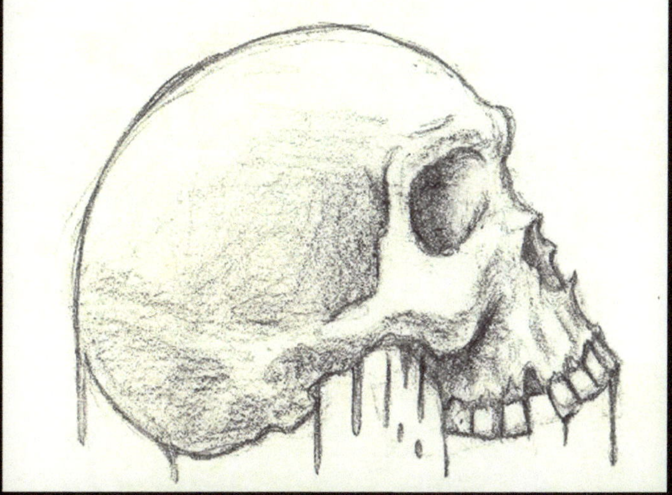
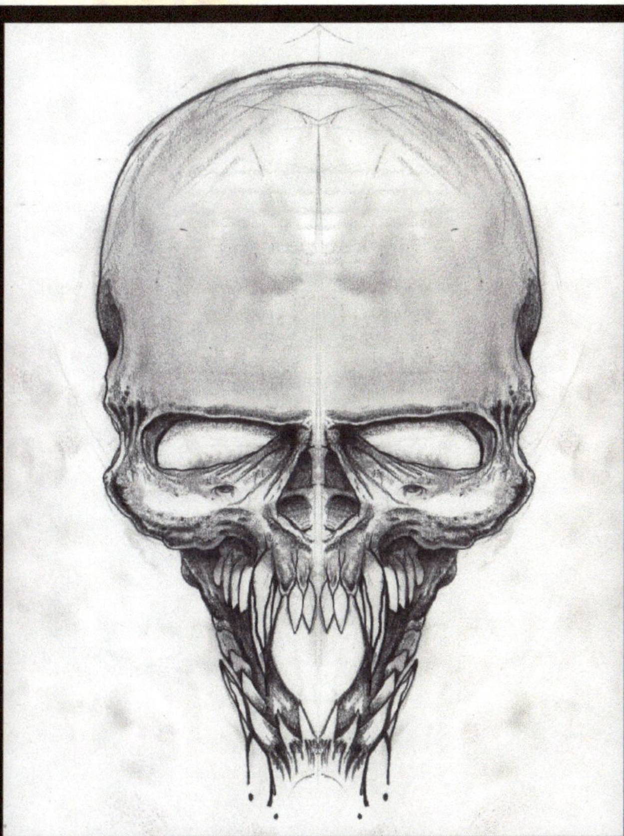
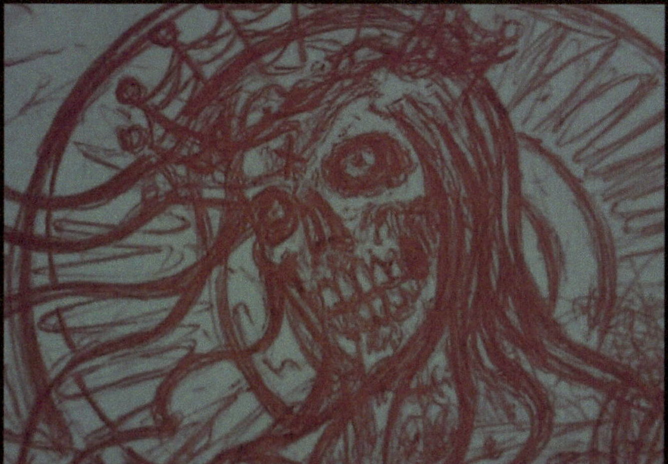

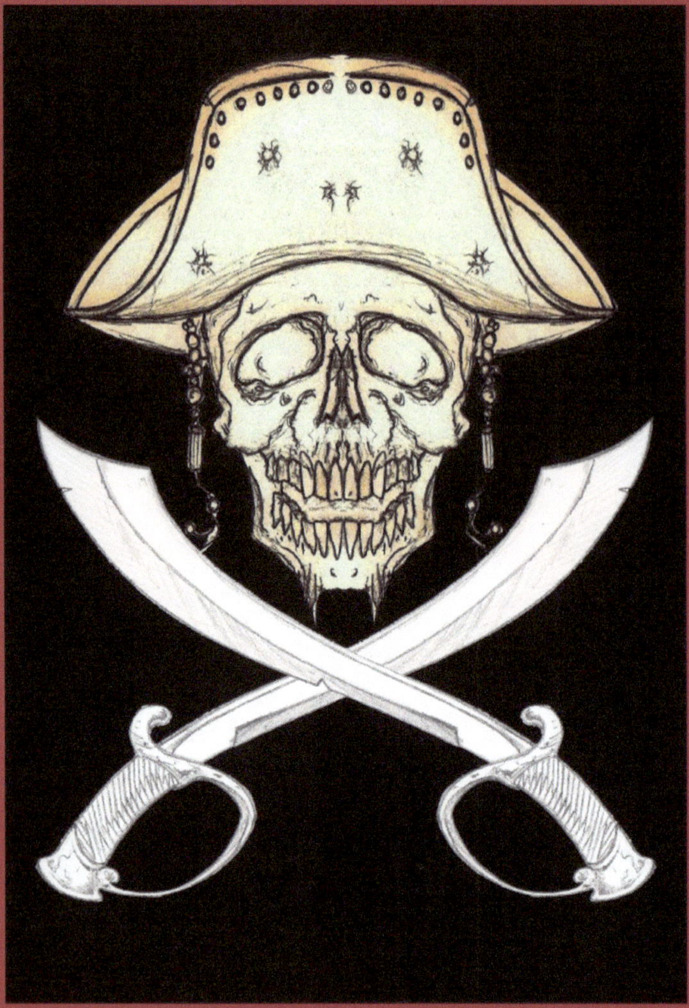

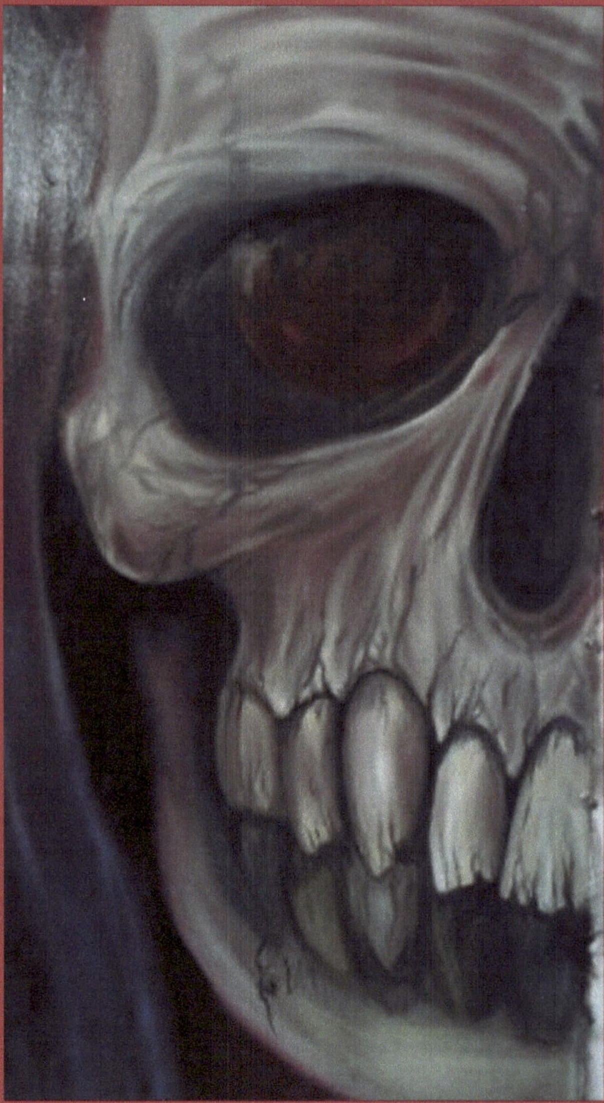

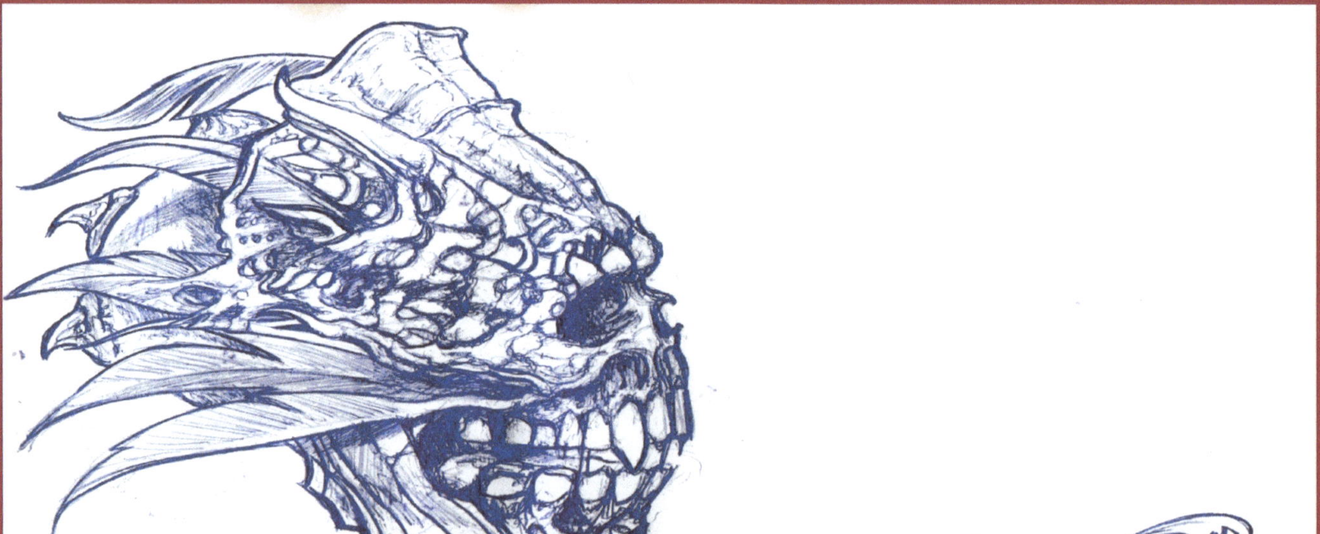

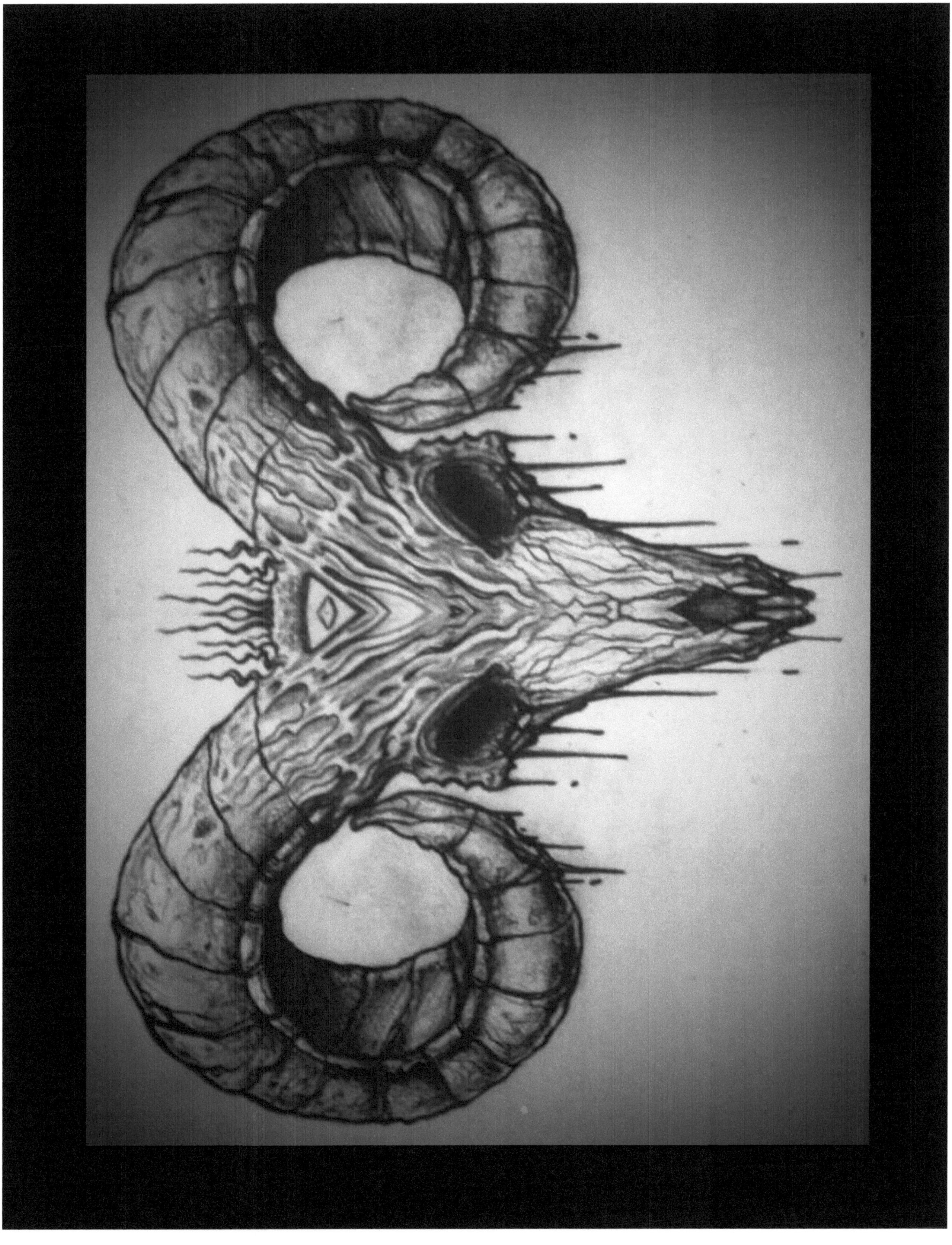

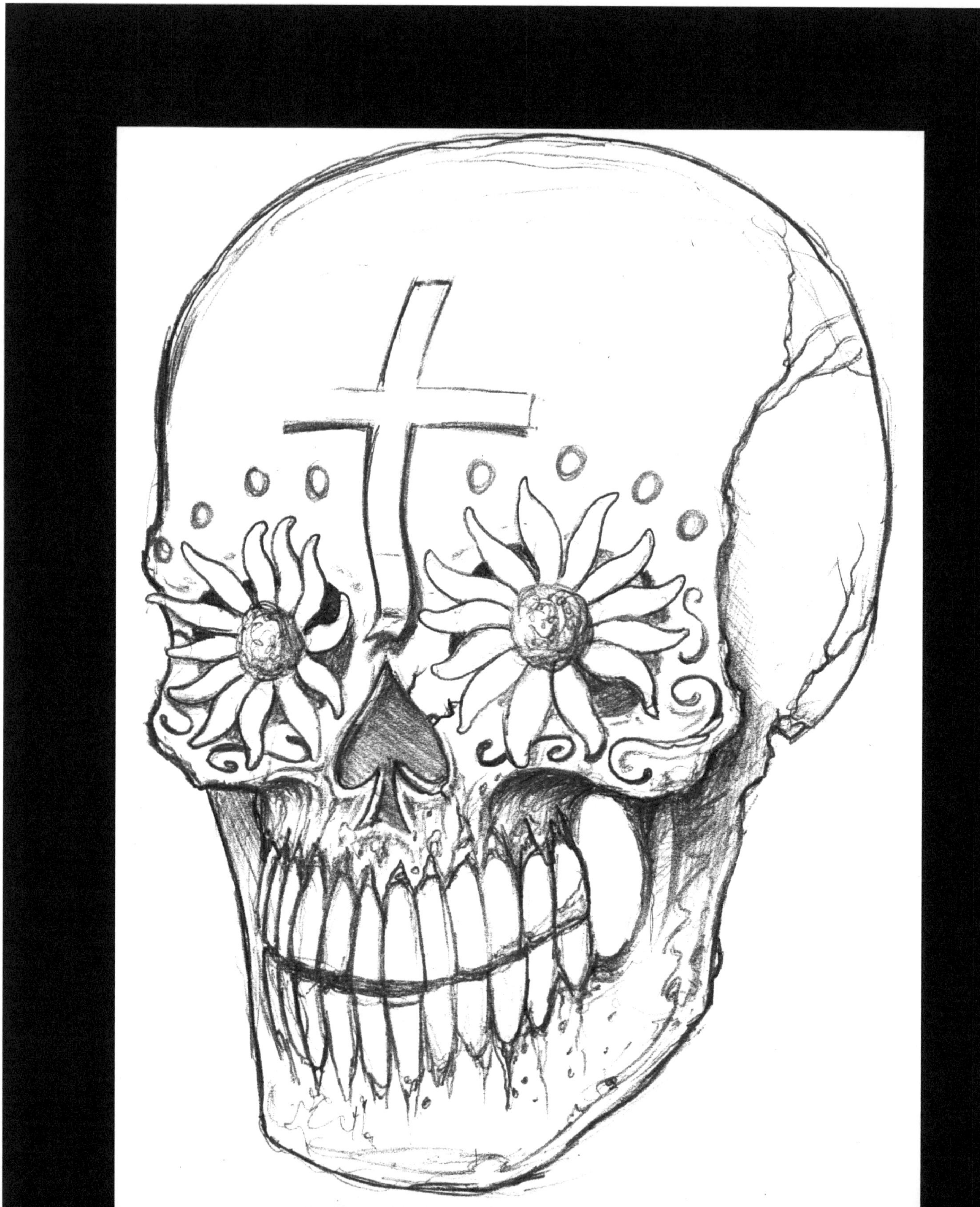

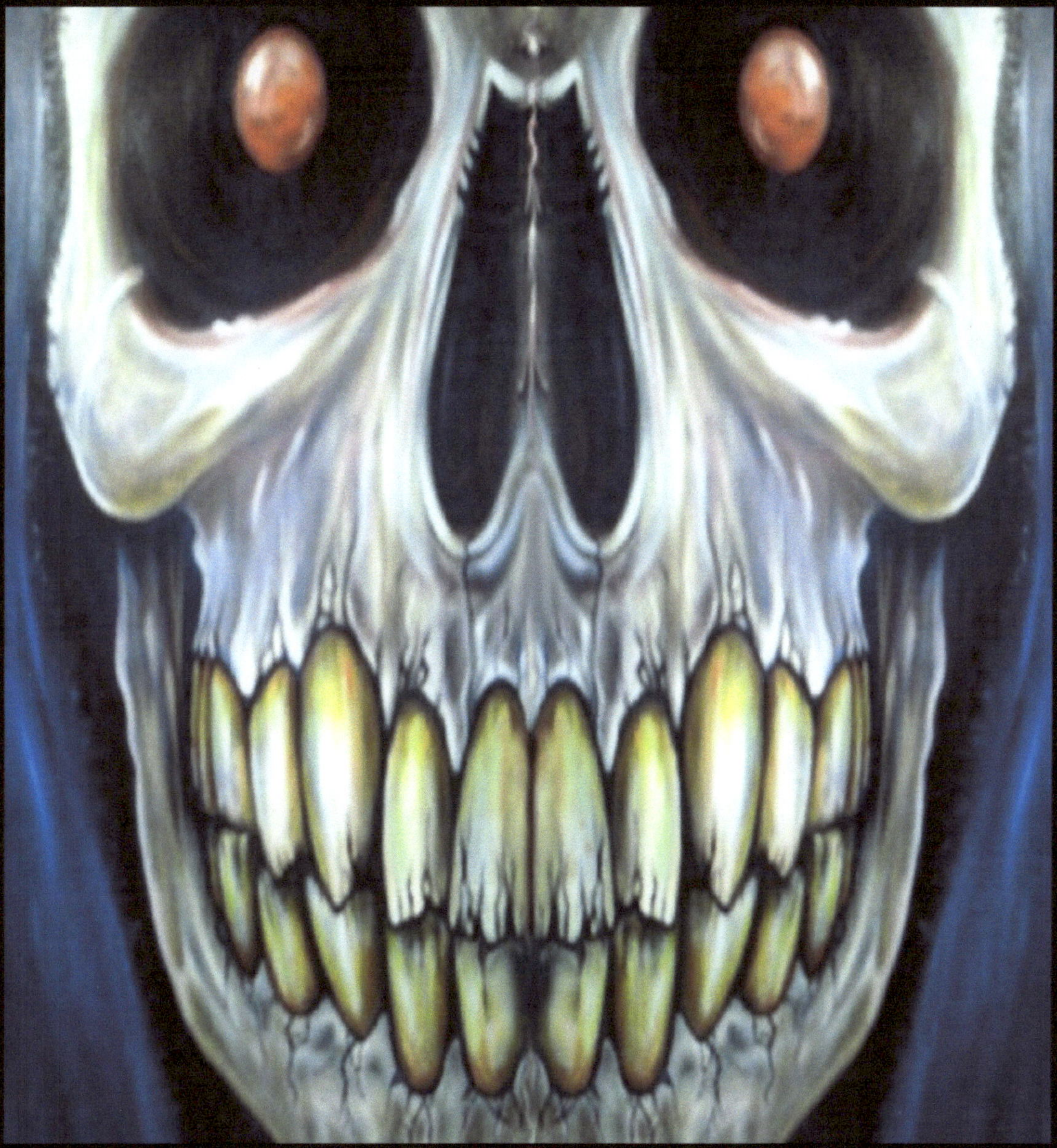

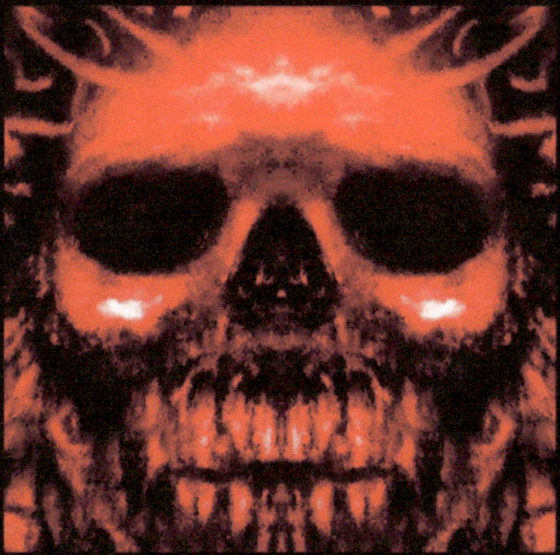

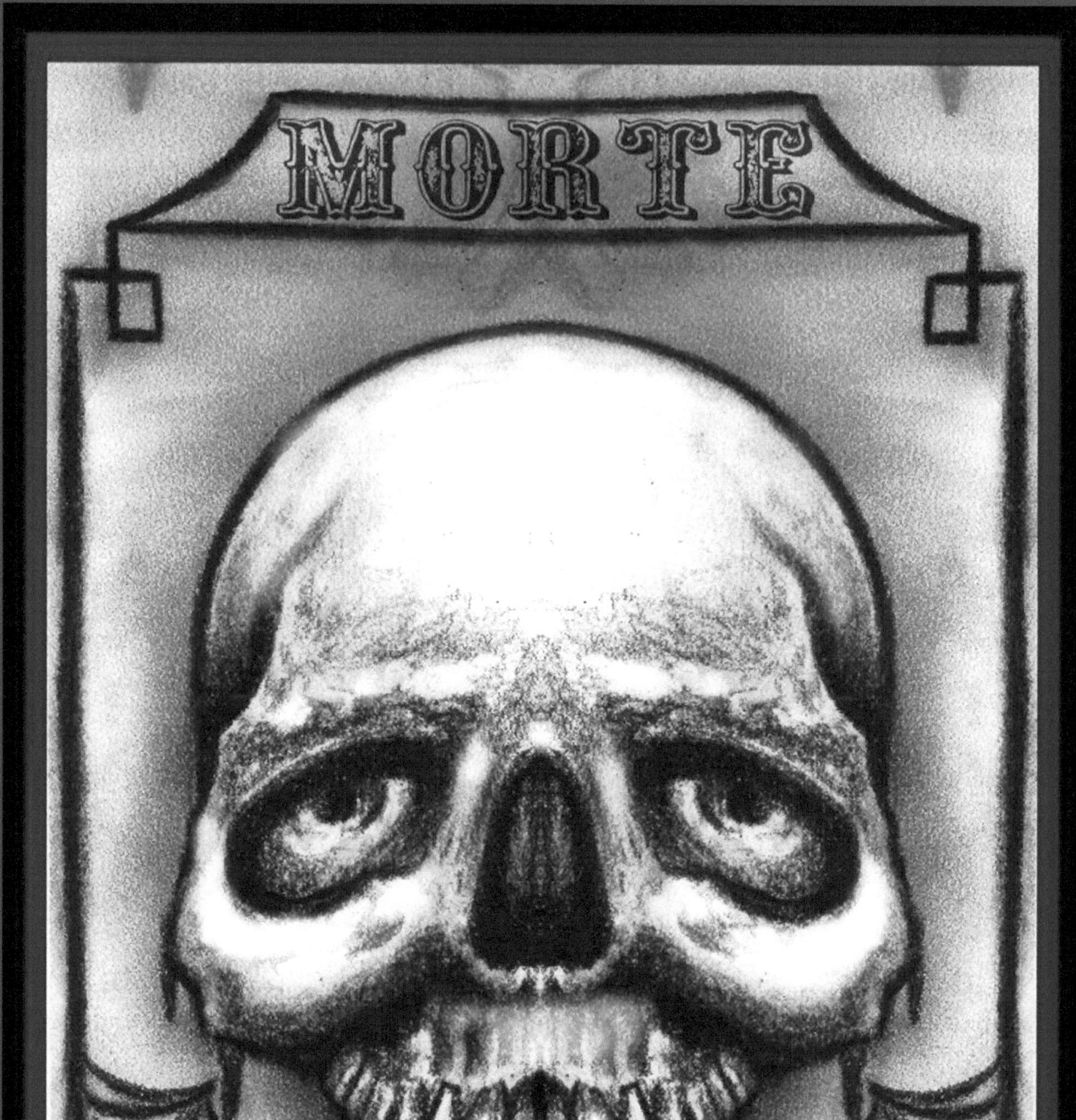
MORTE

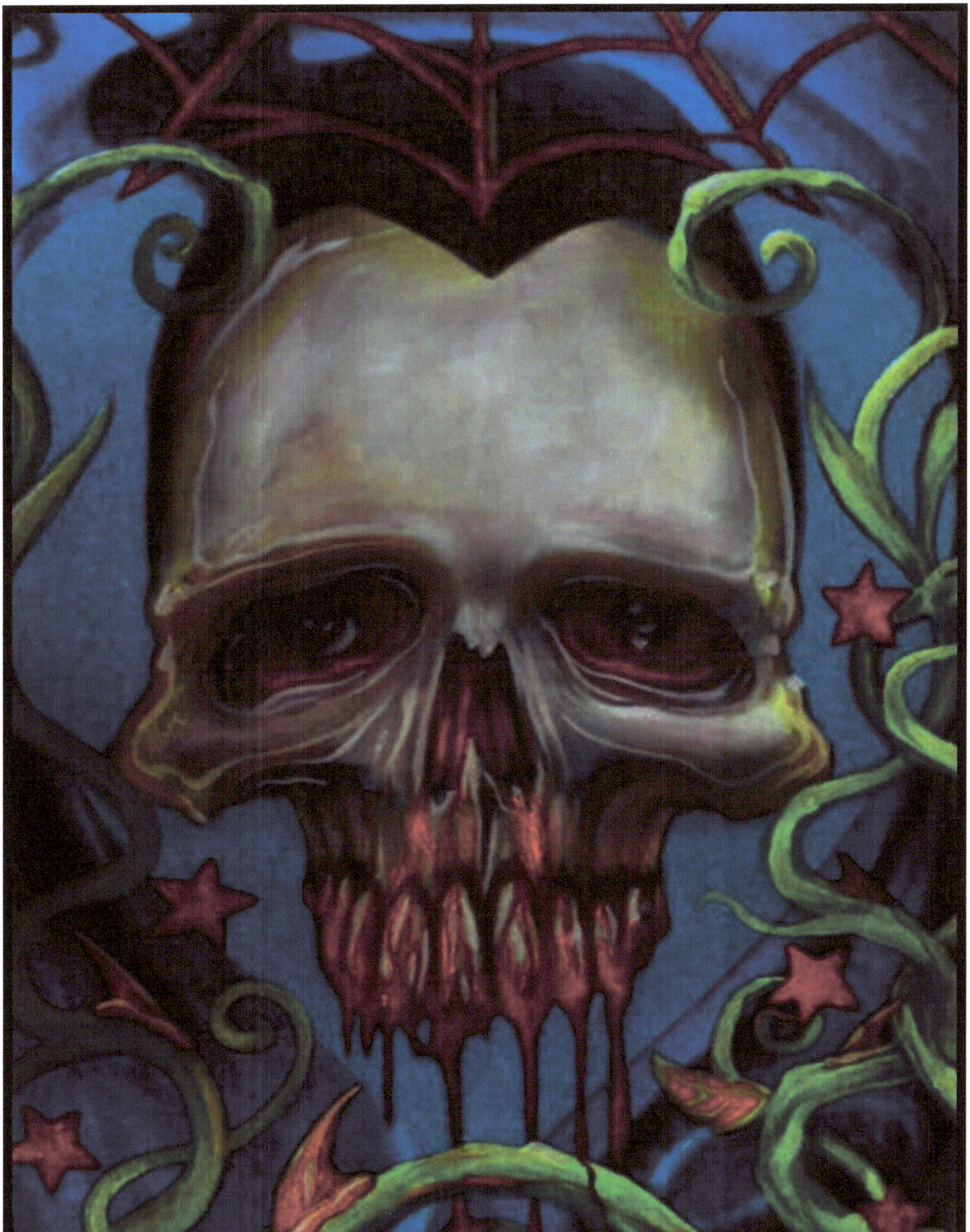

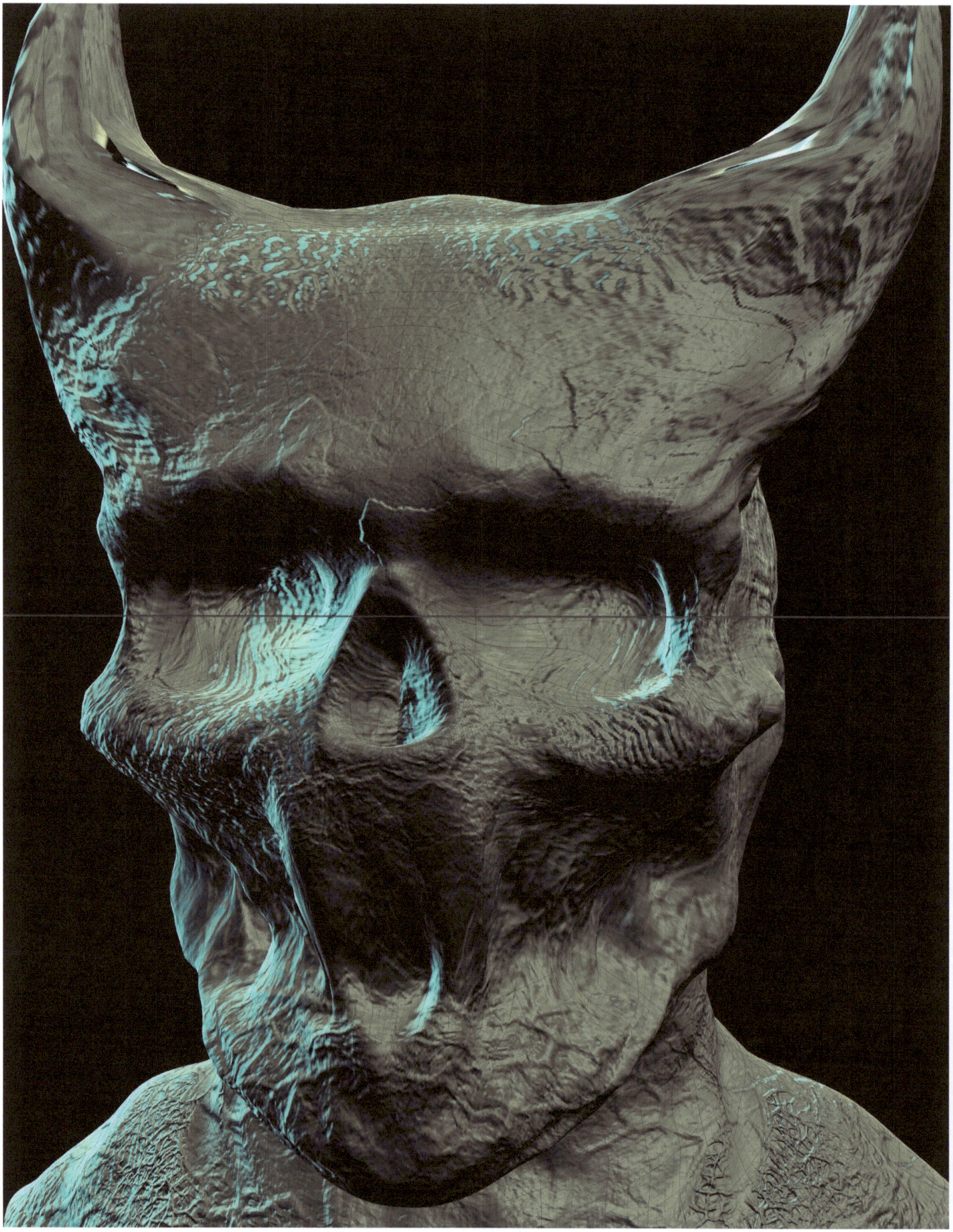

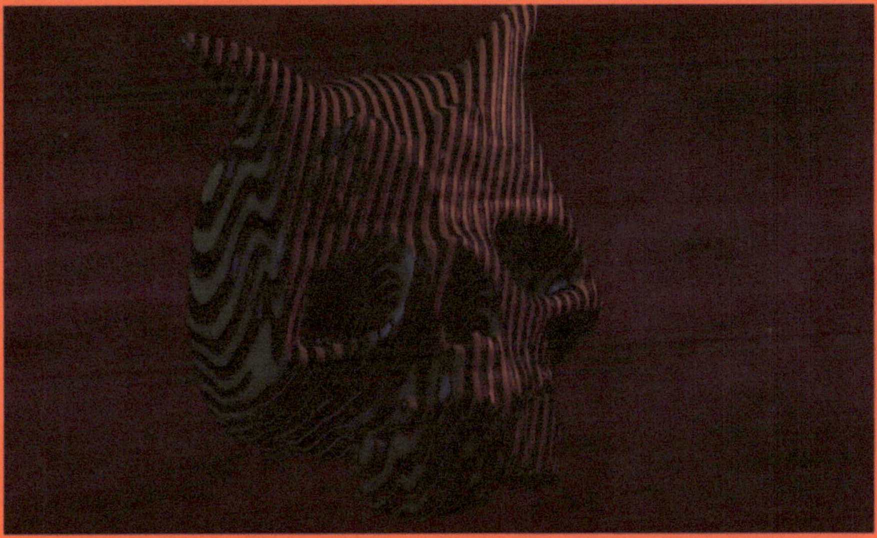

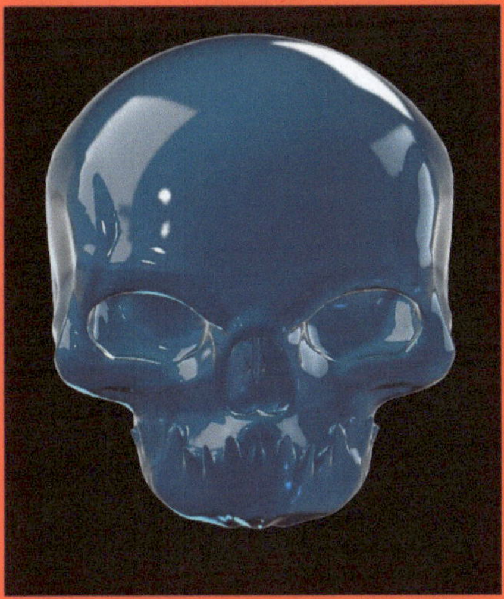

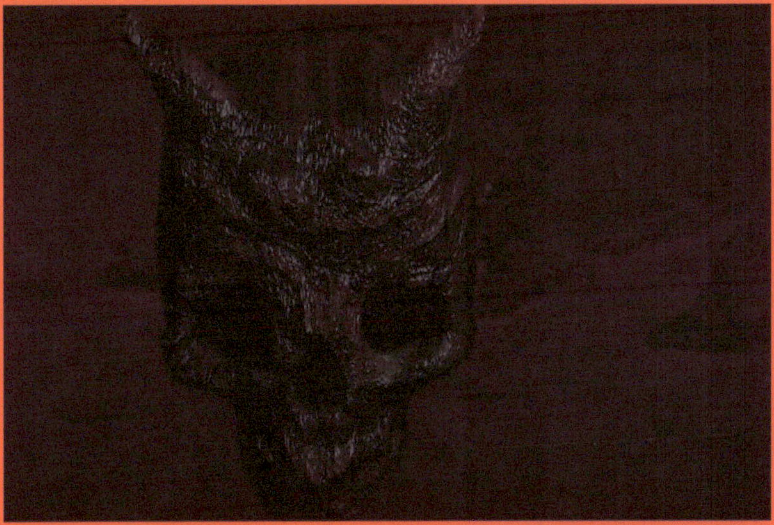

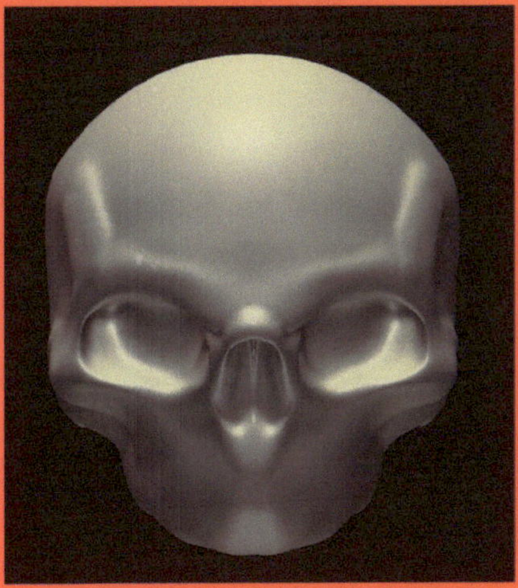

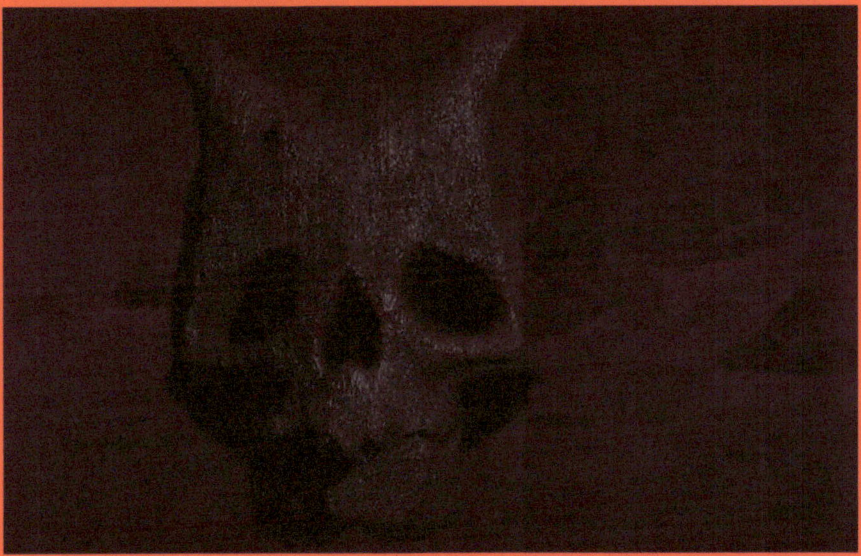

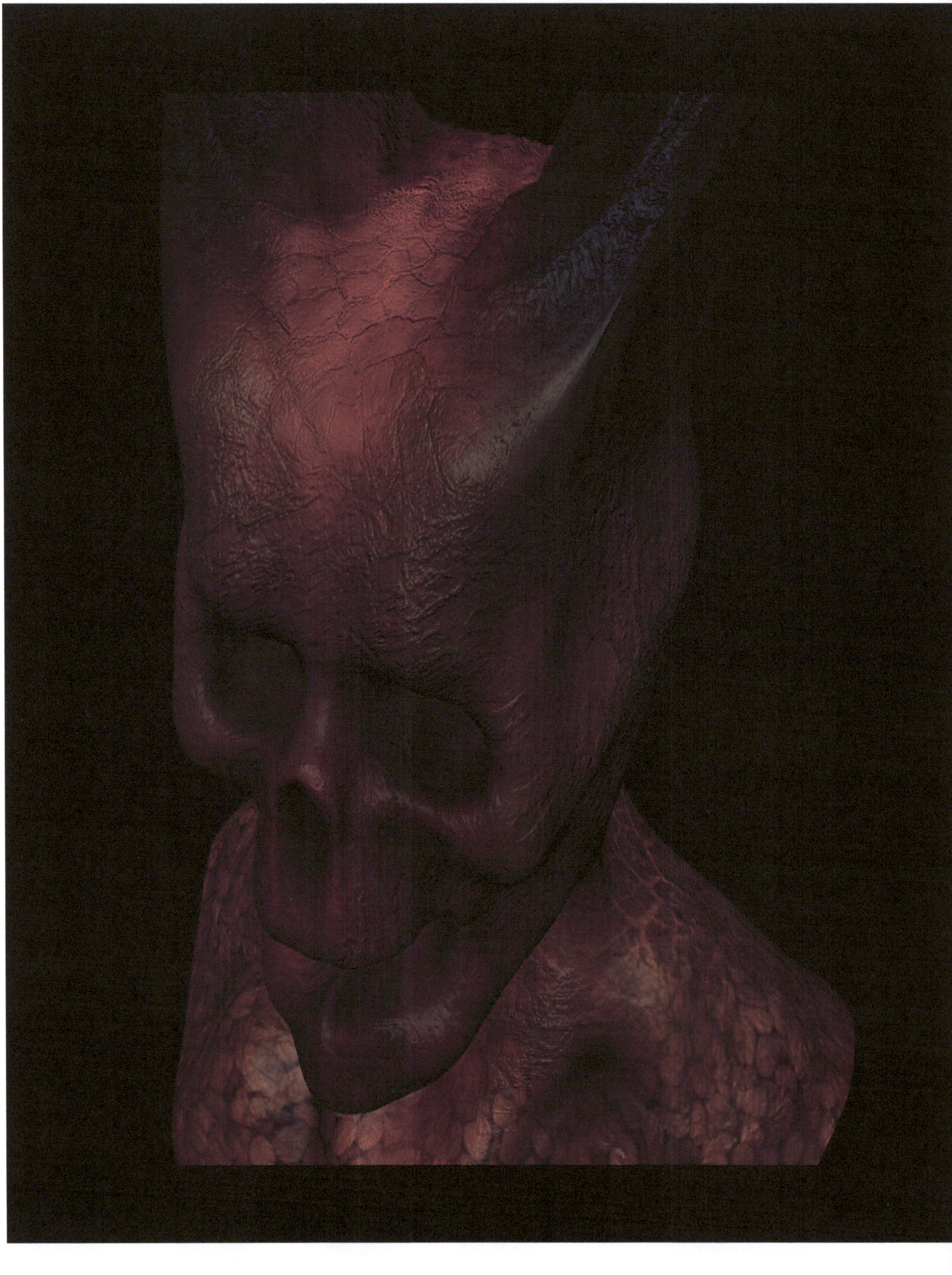

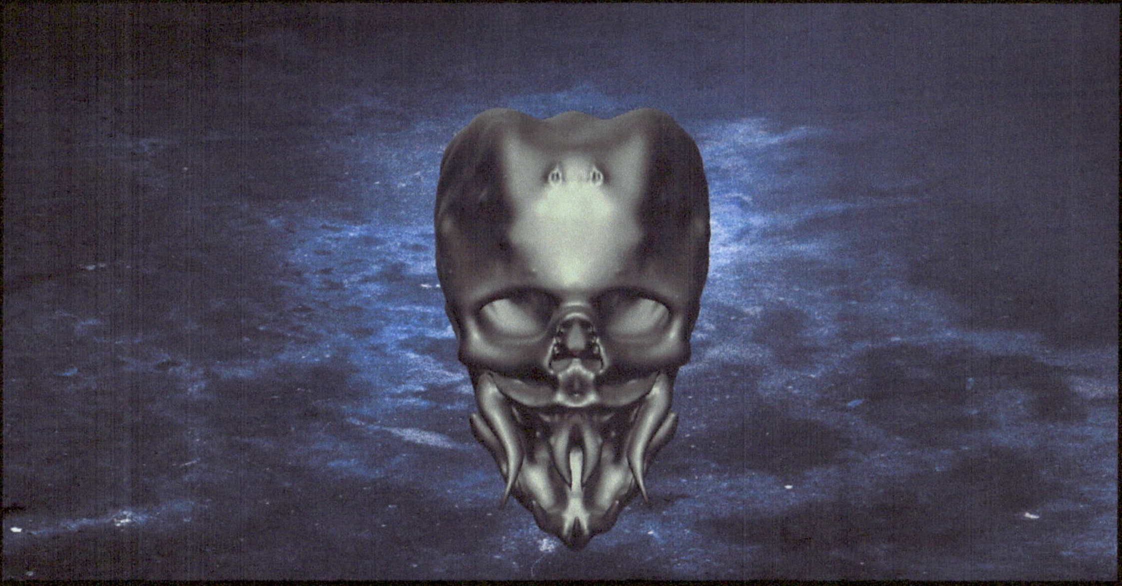
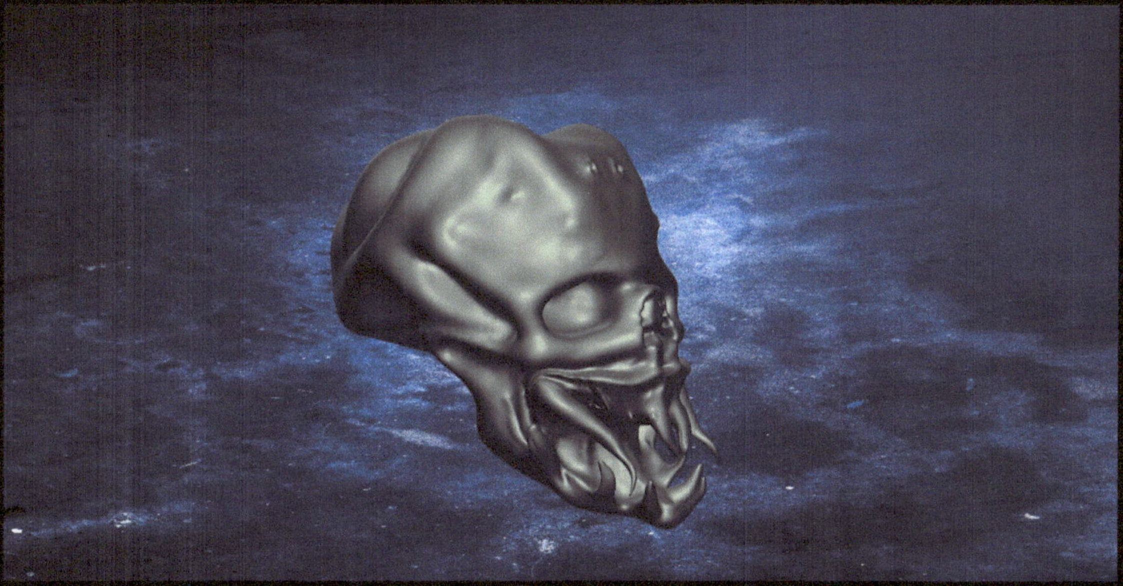
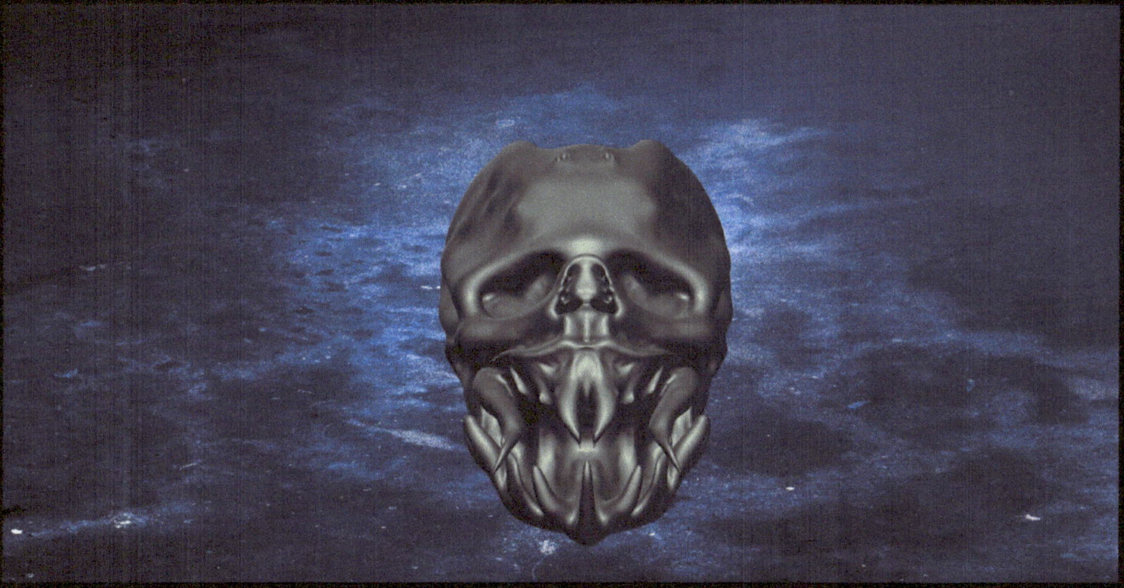

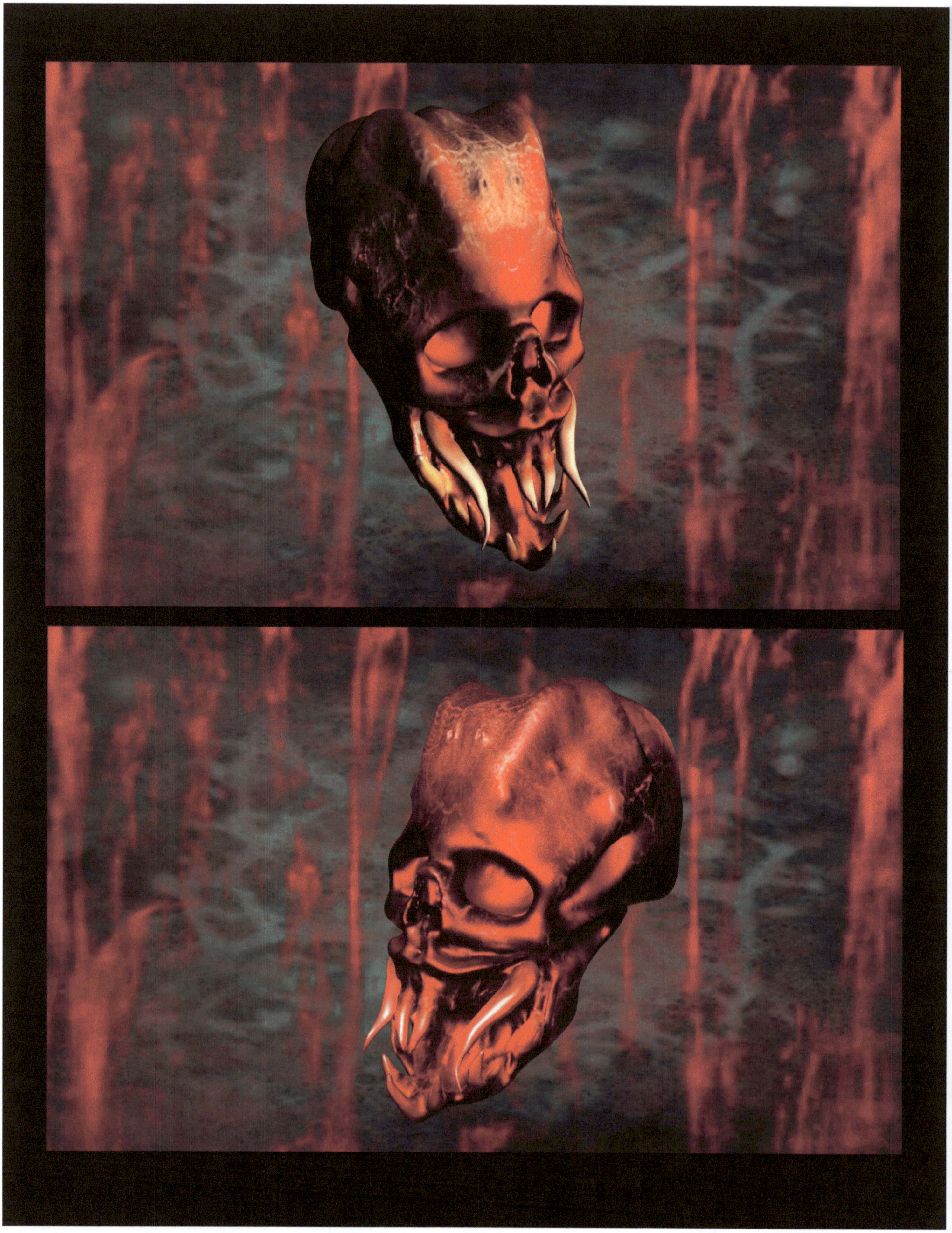

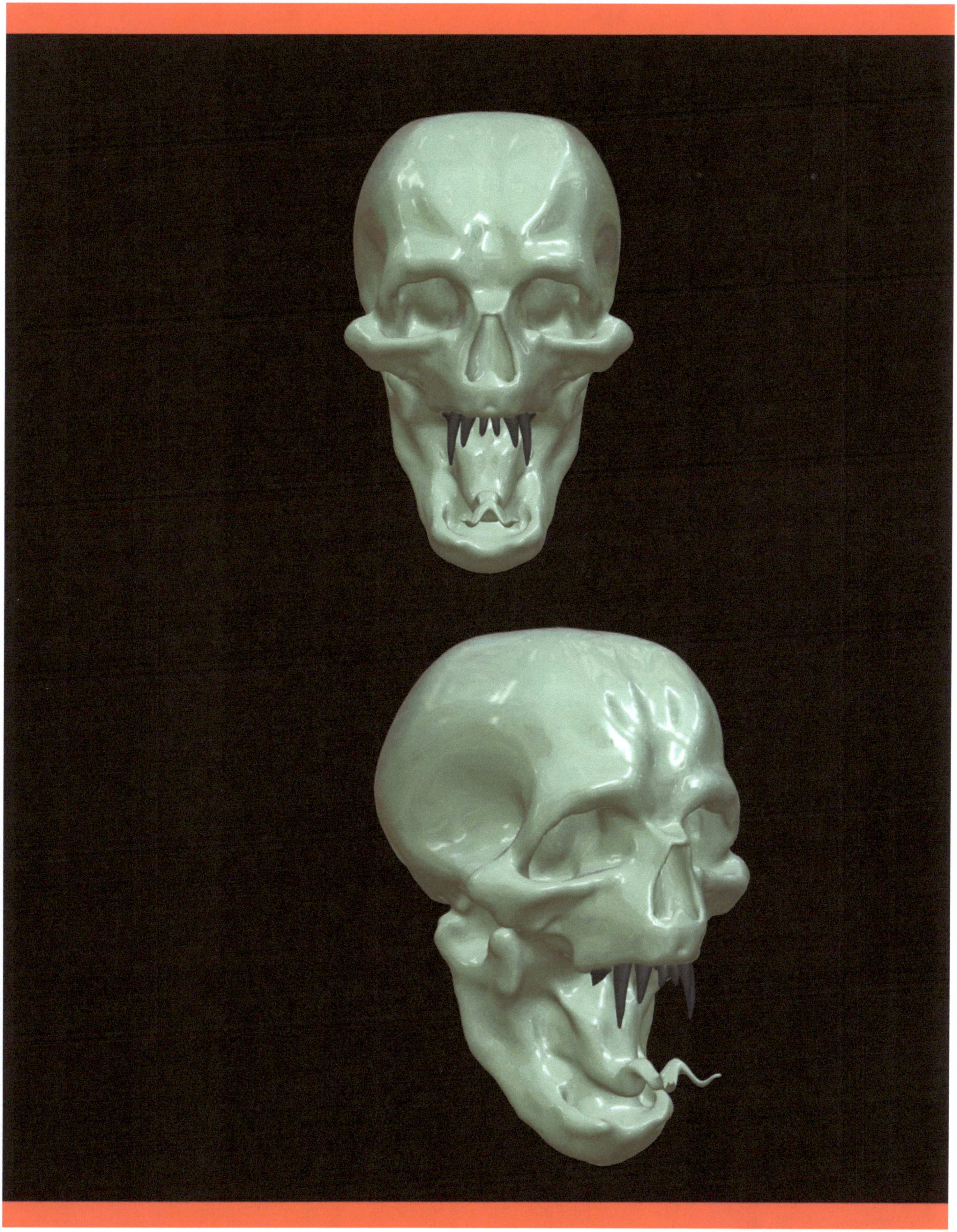

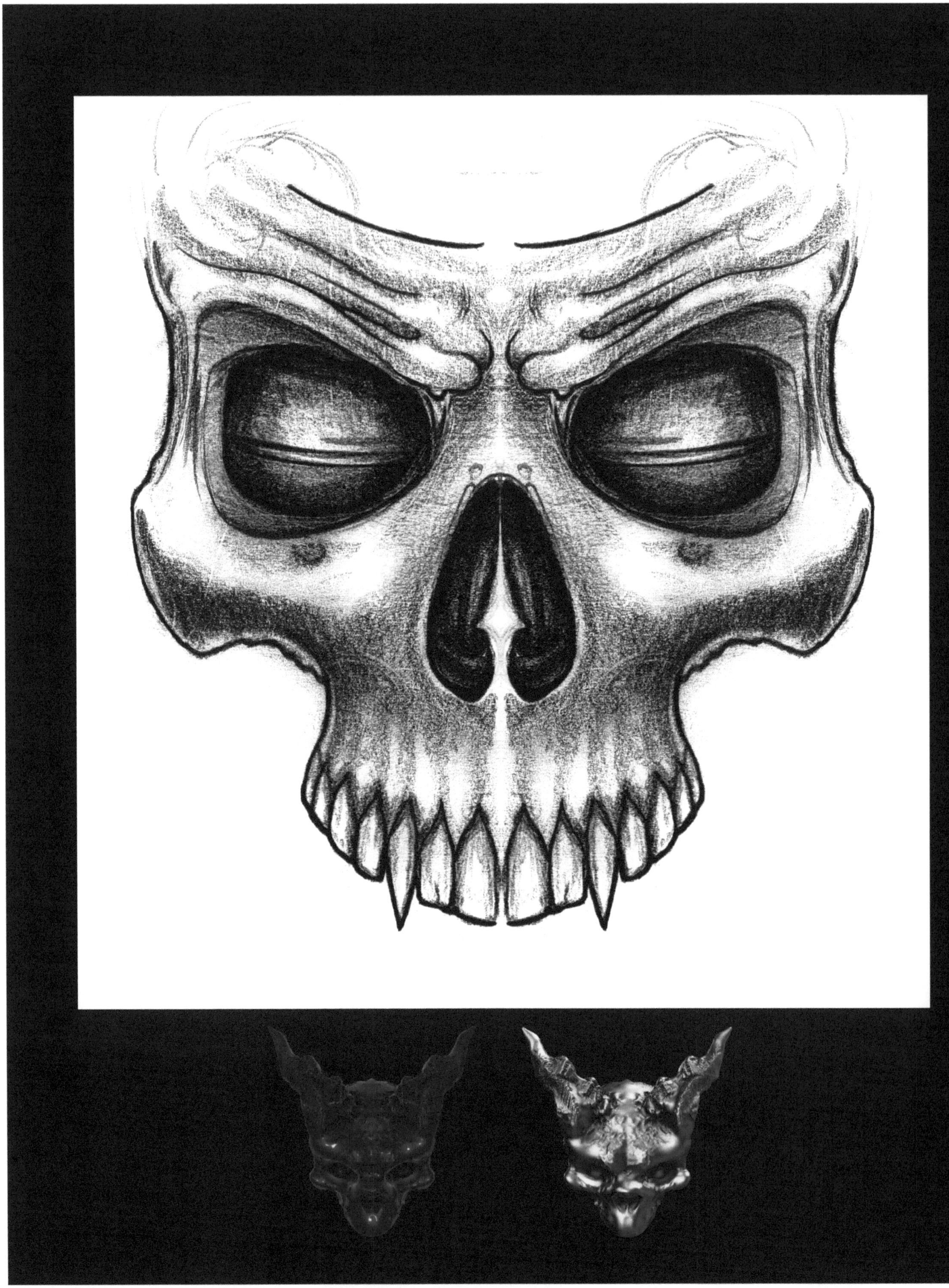

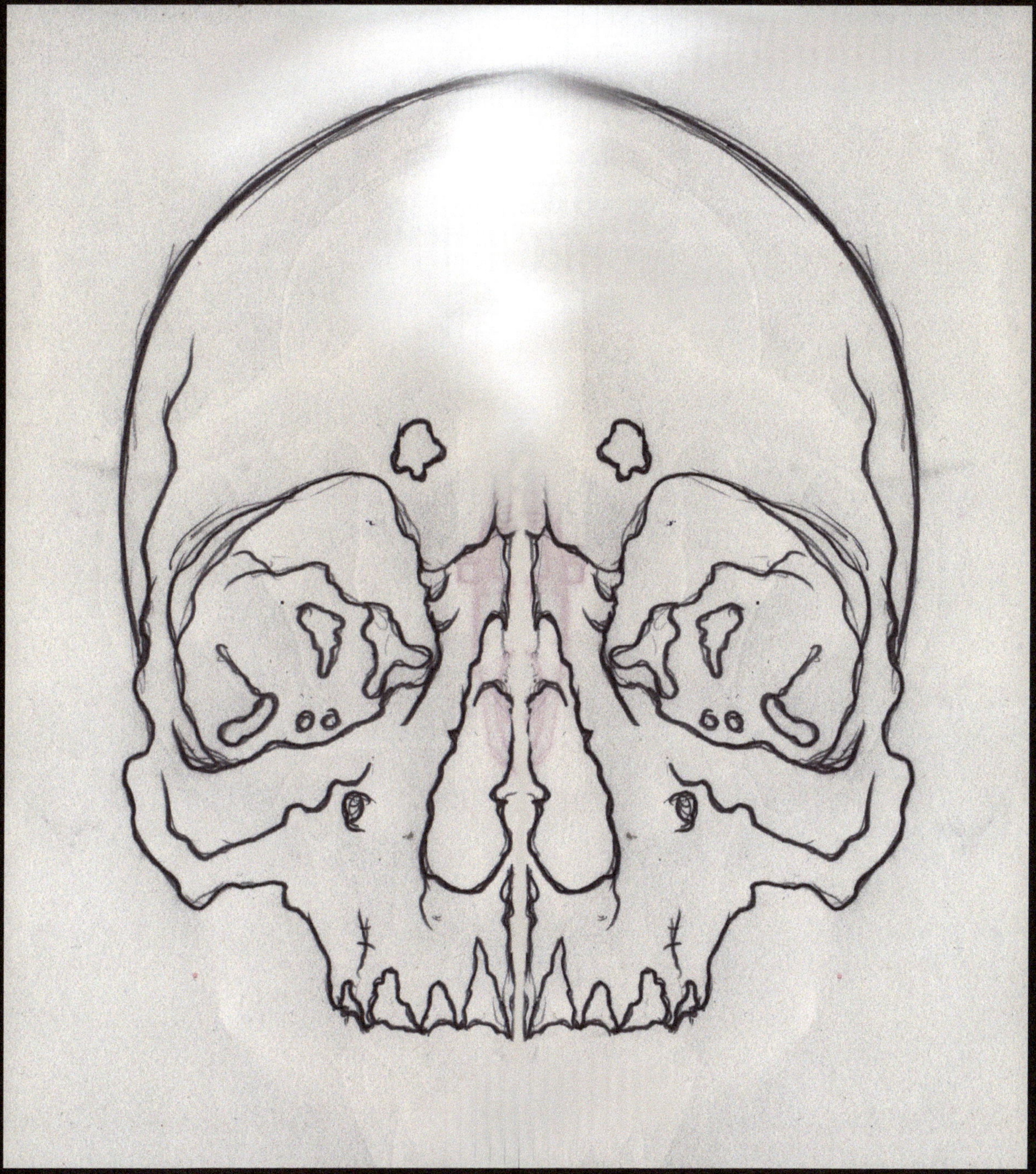

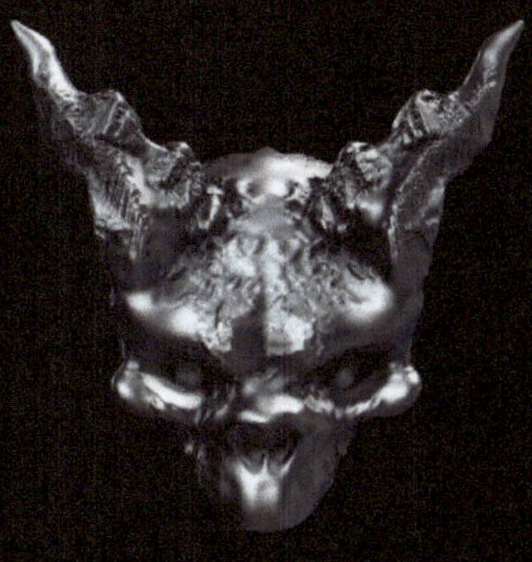

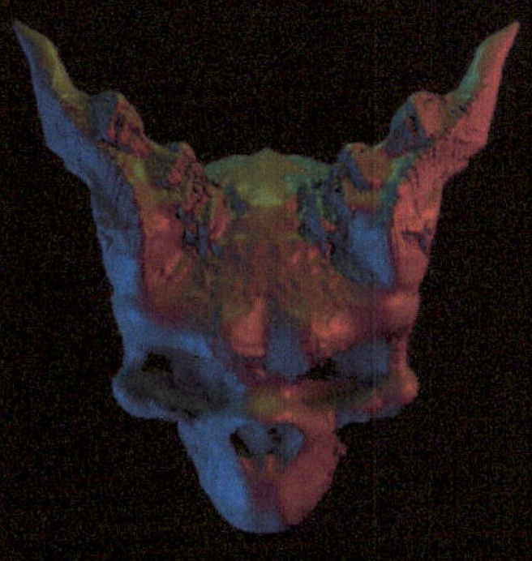

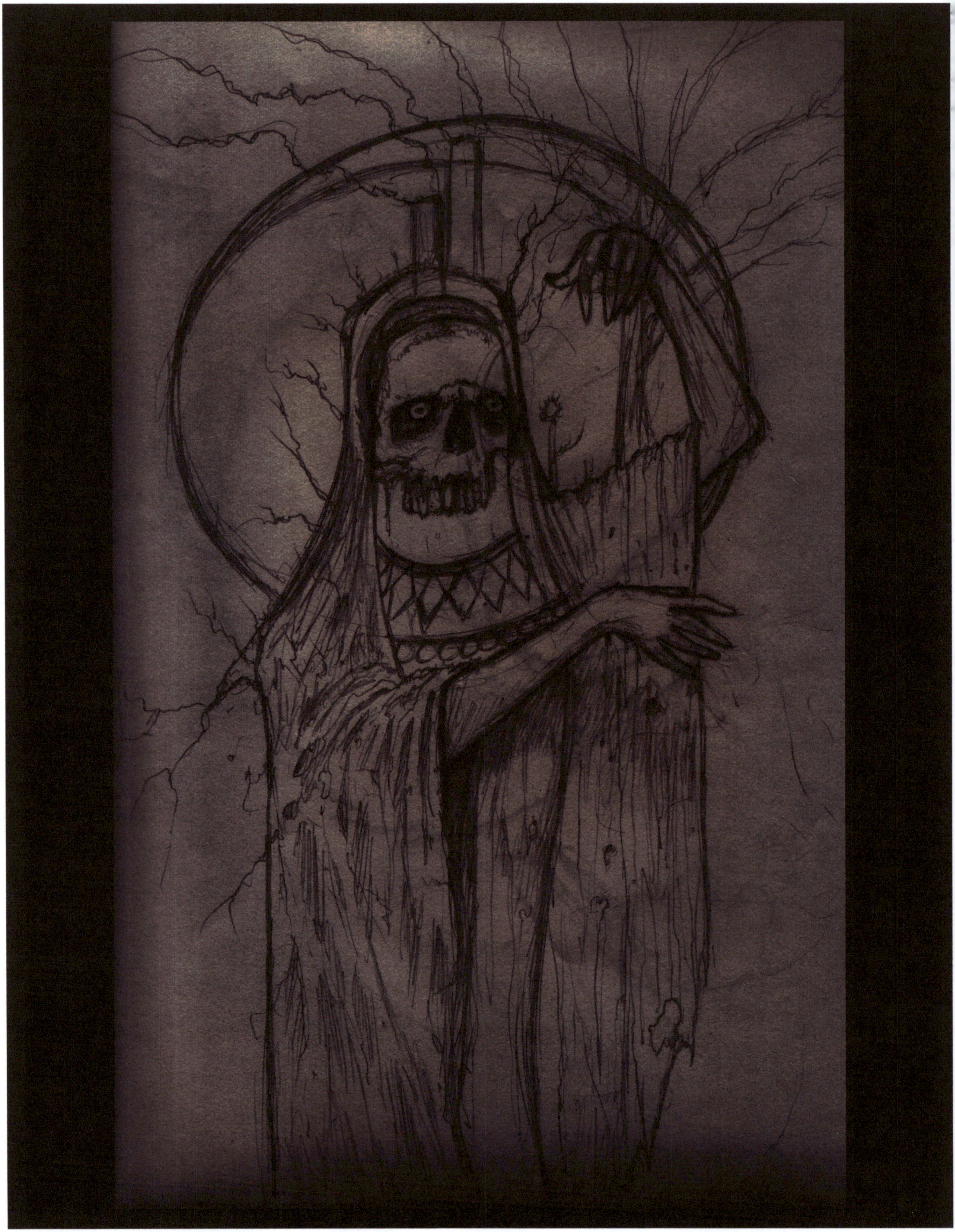

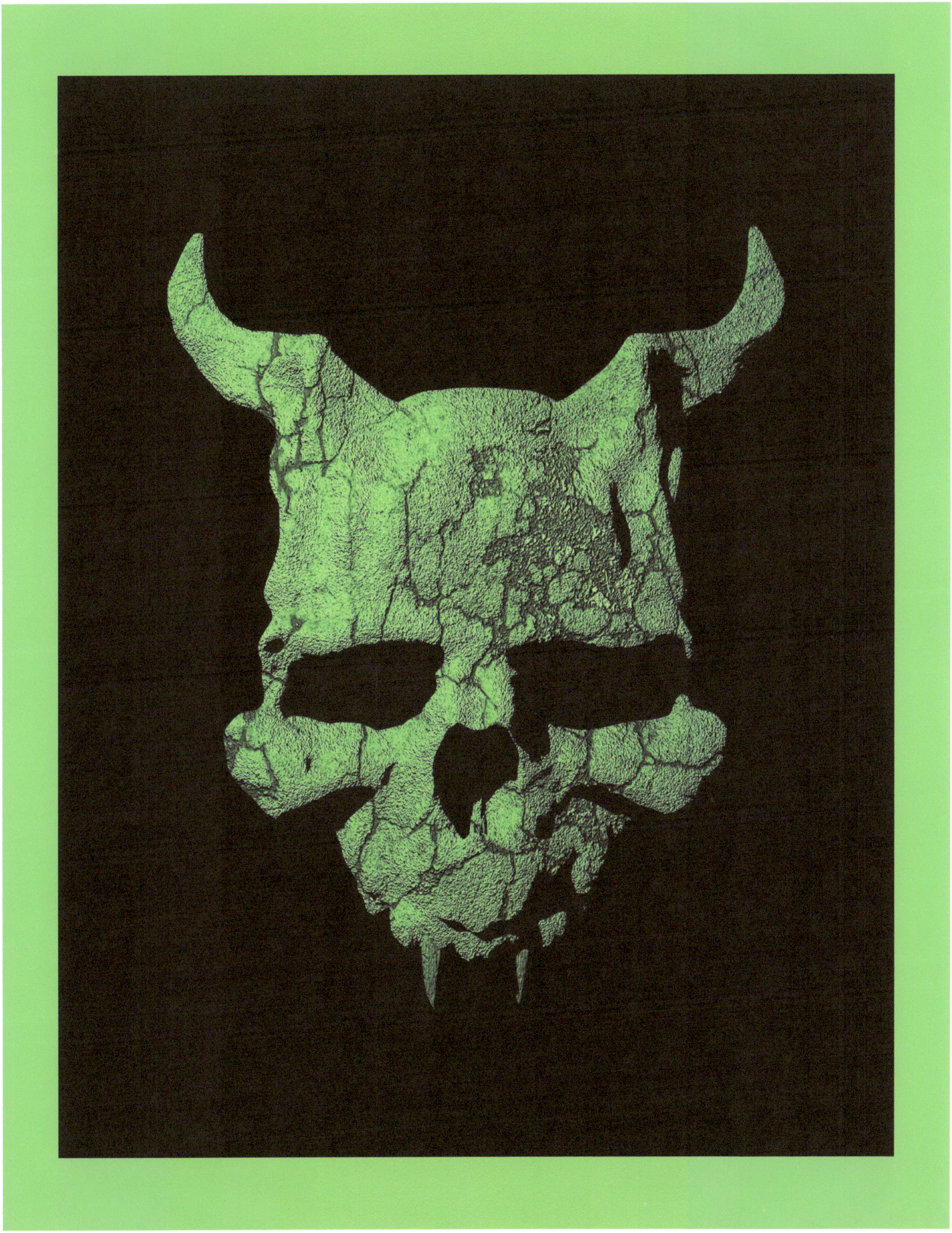

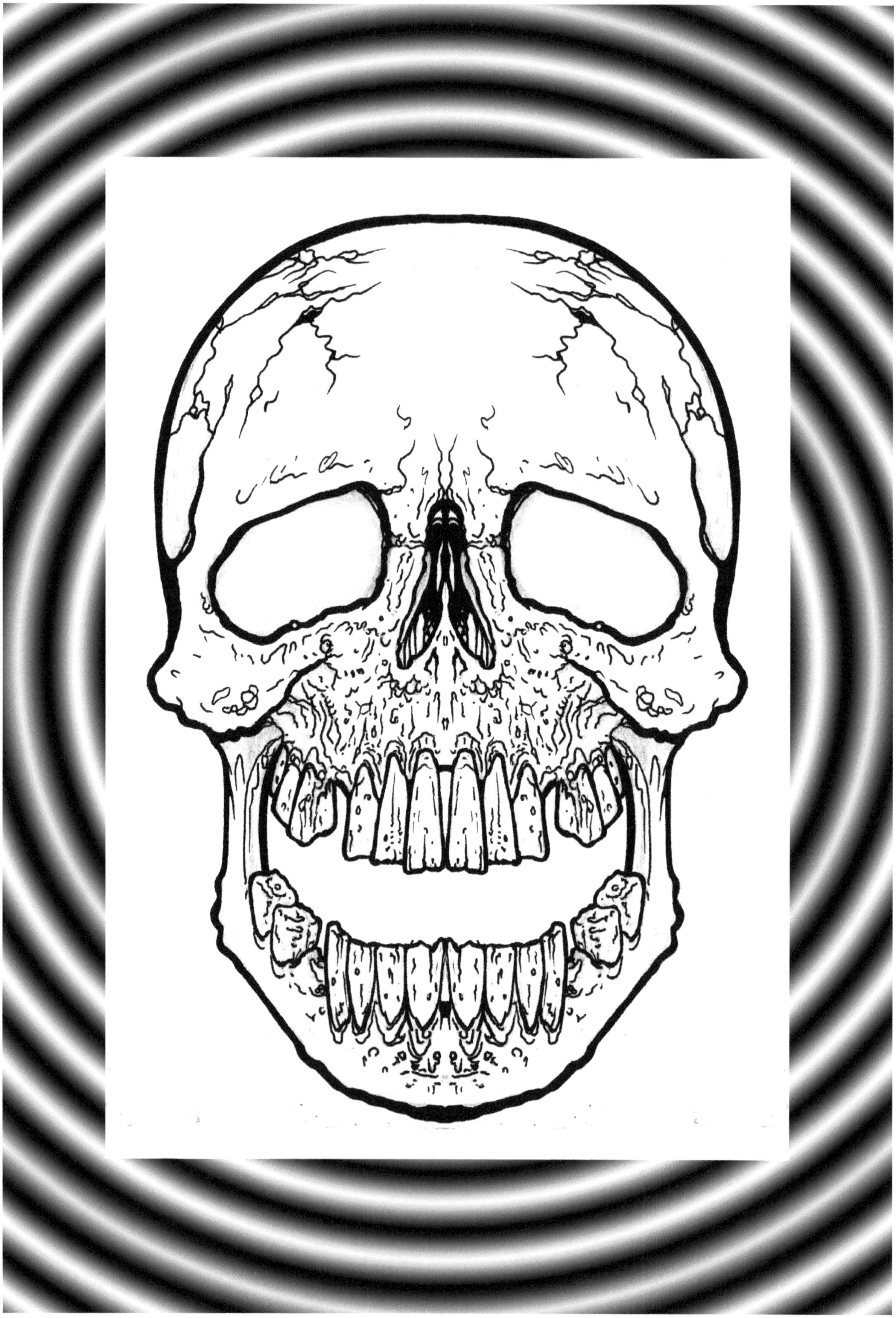

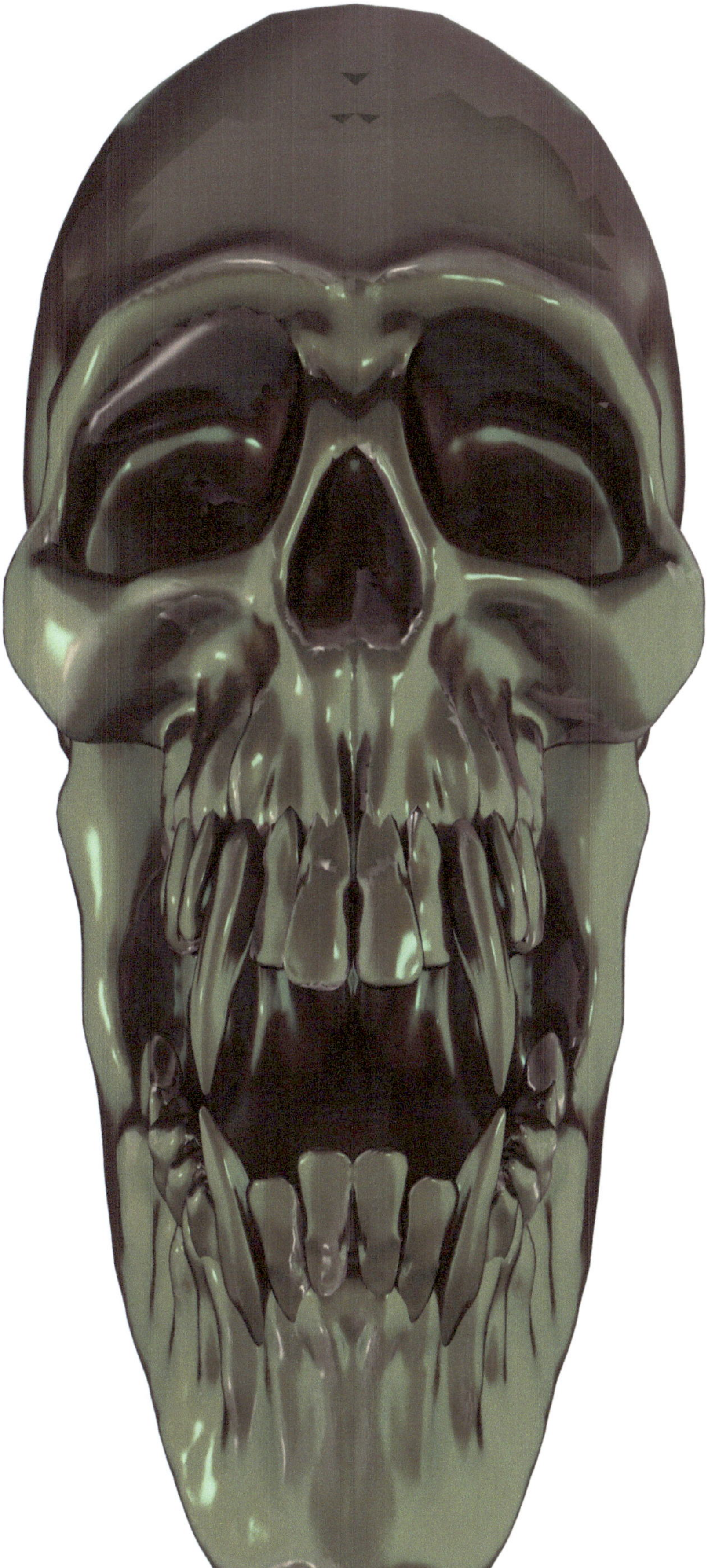

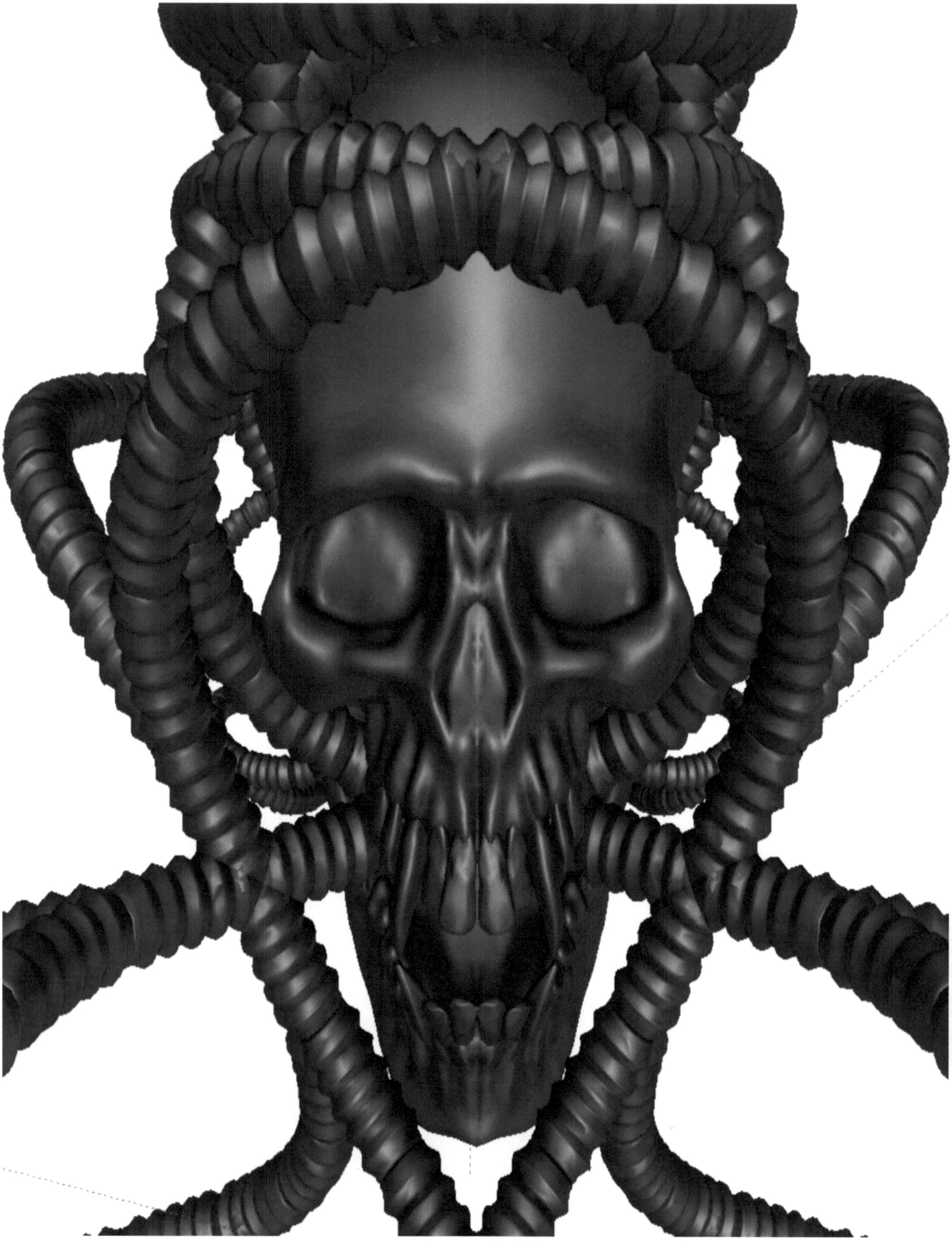

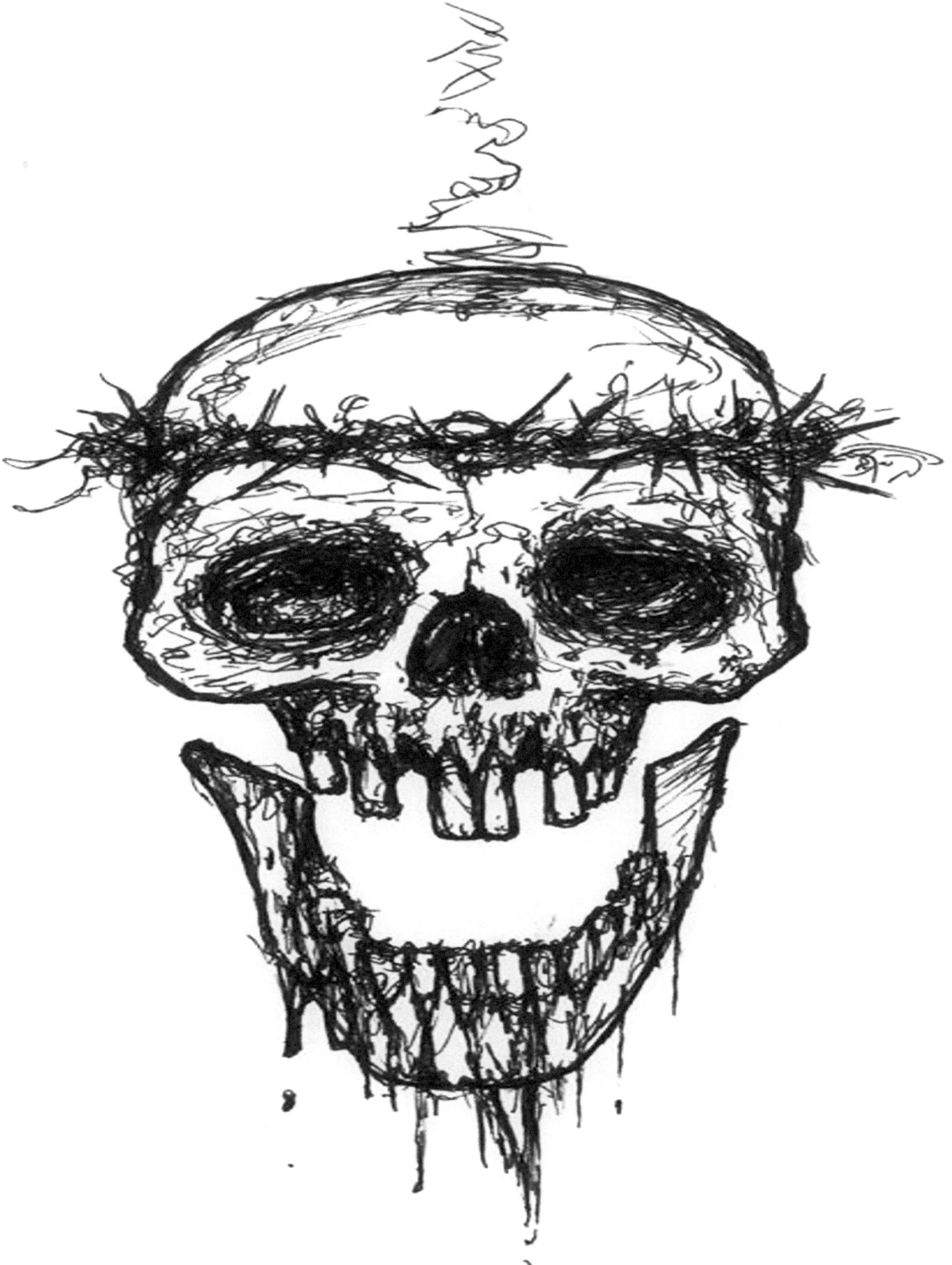

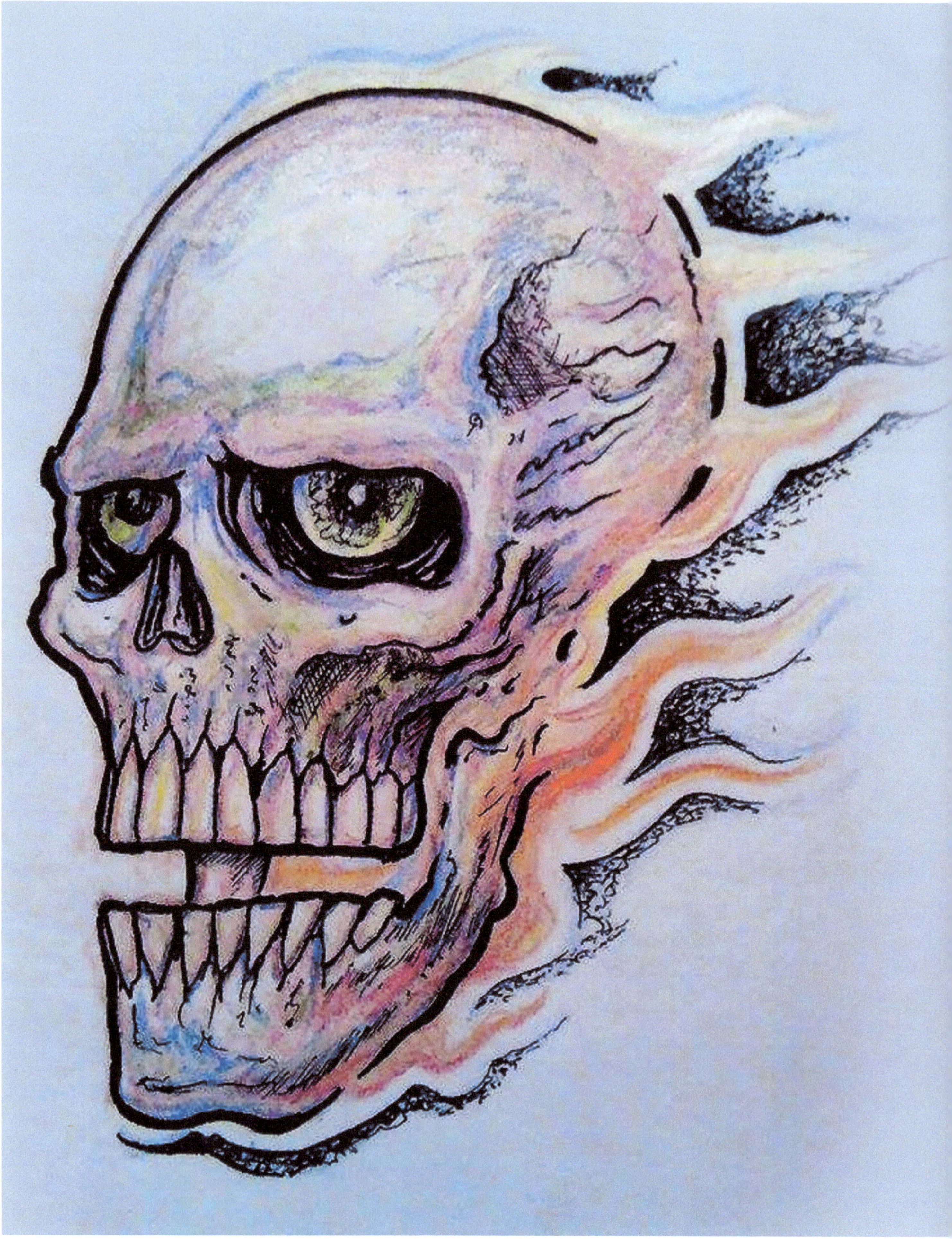

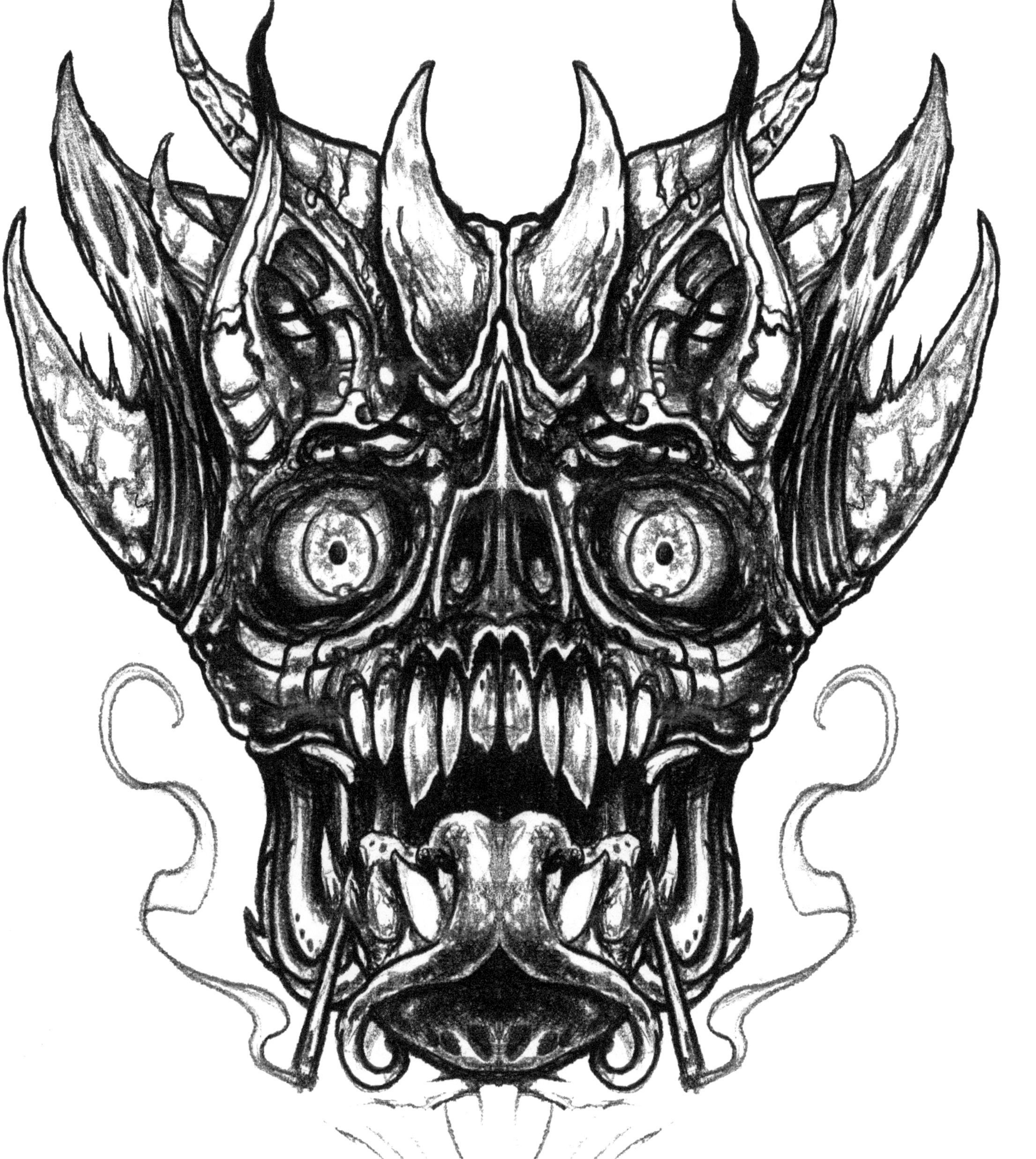

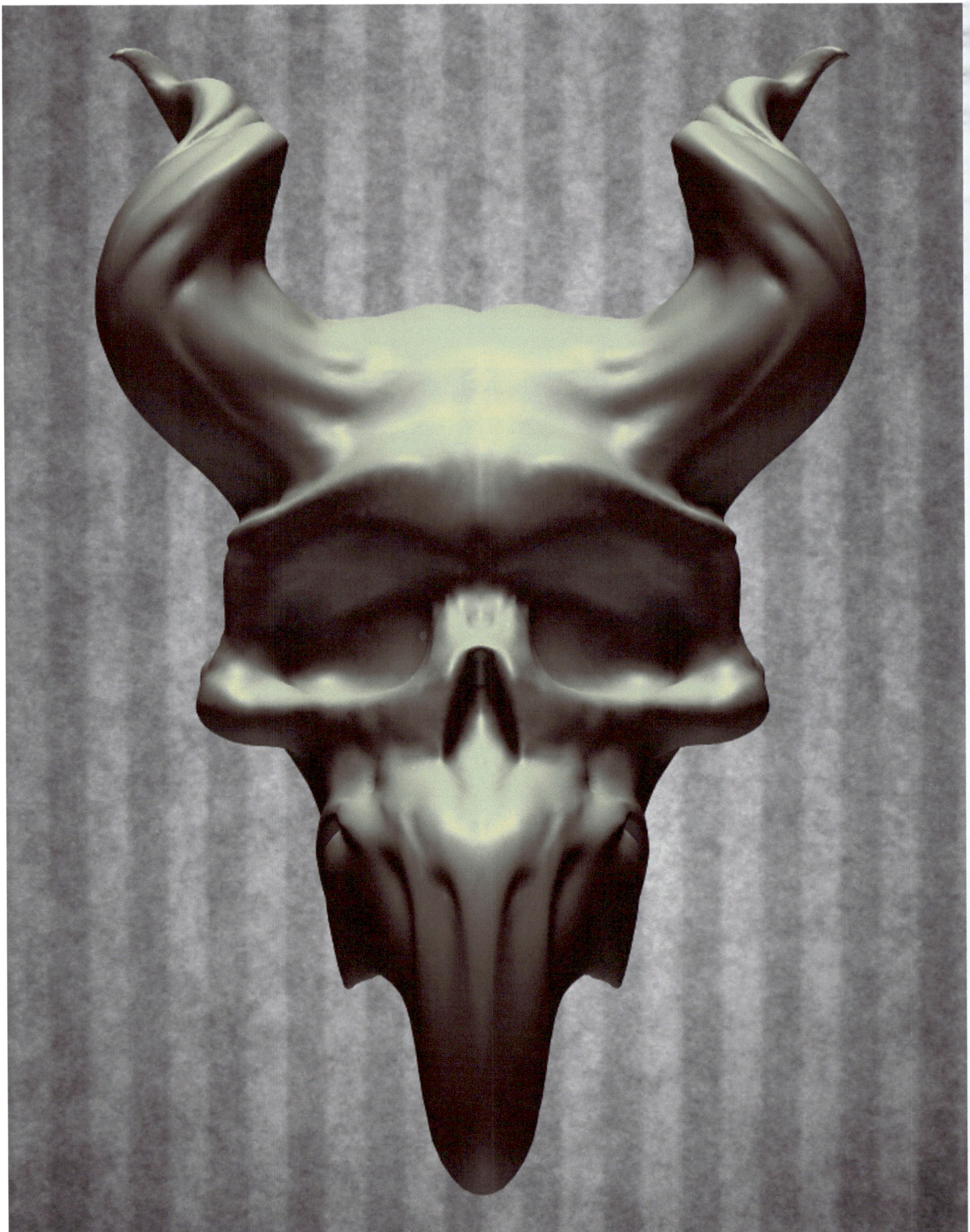

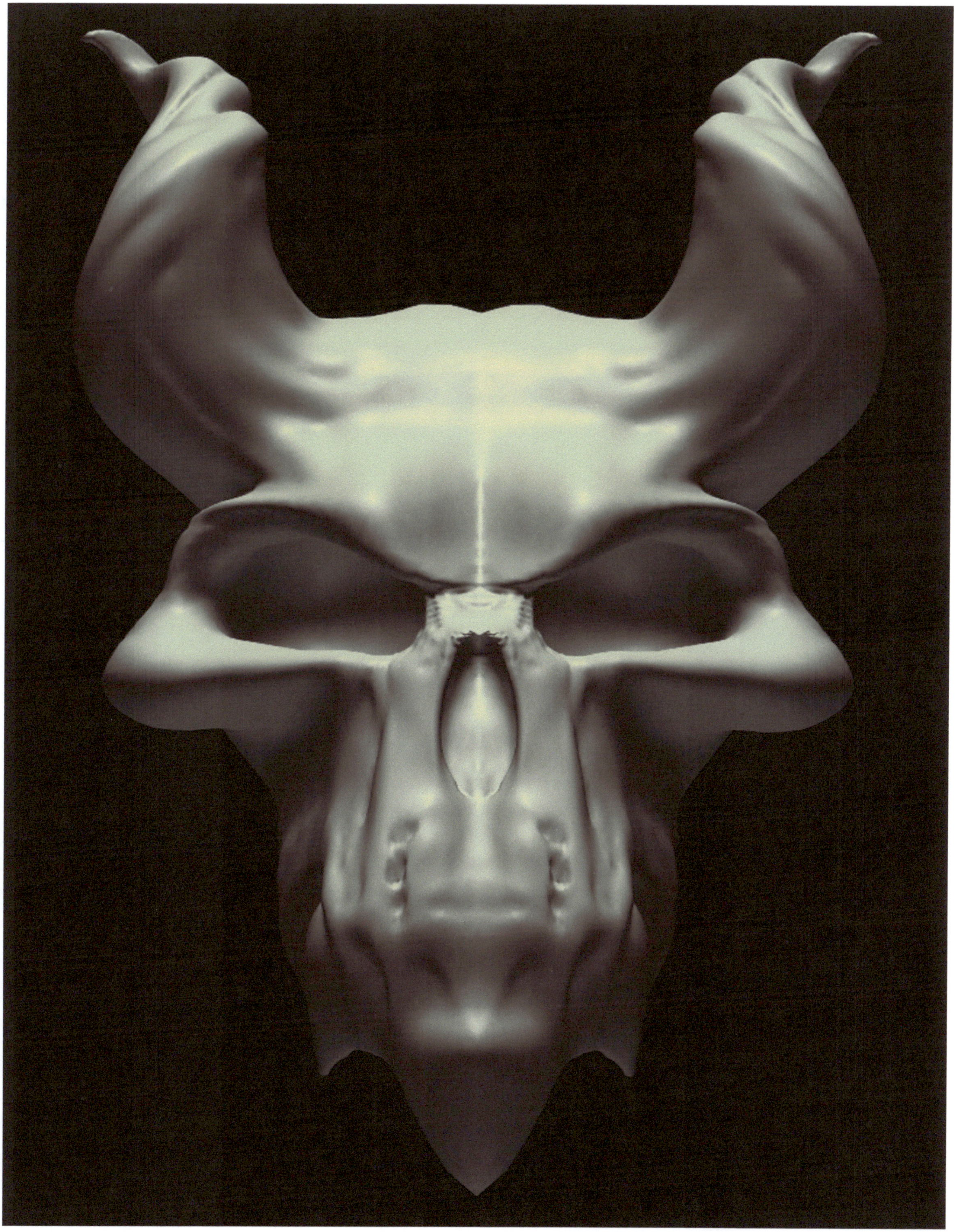

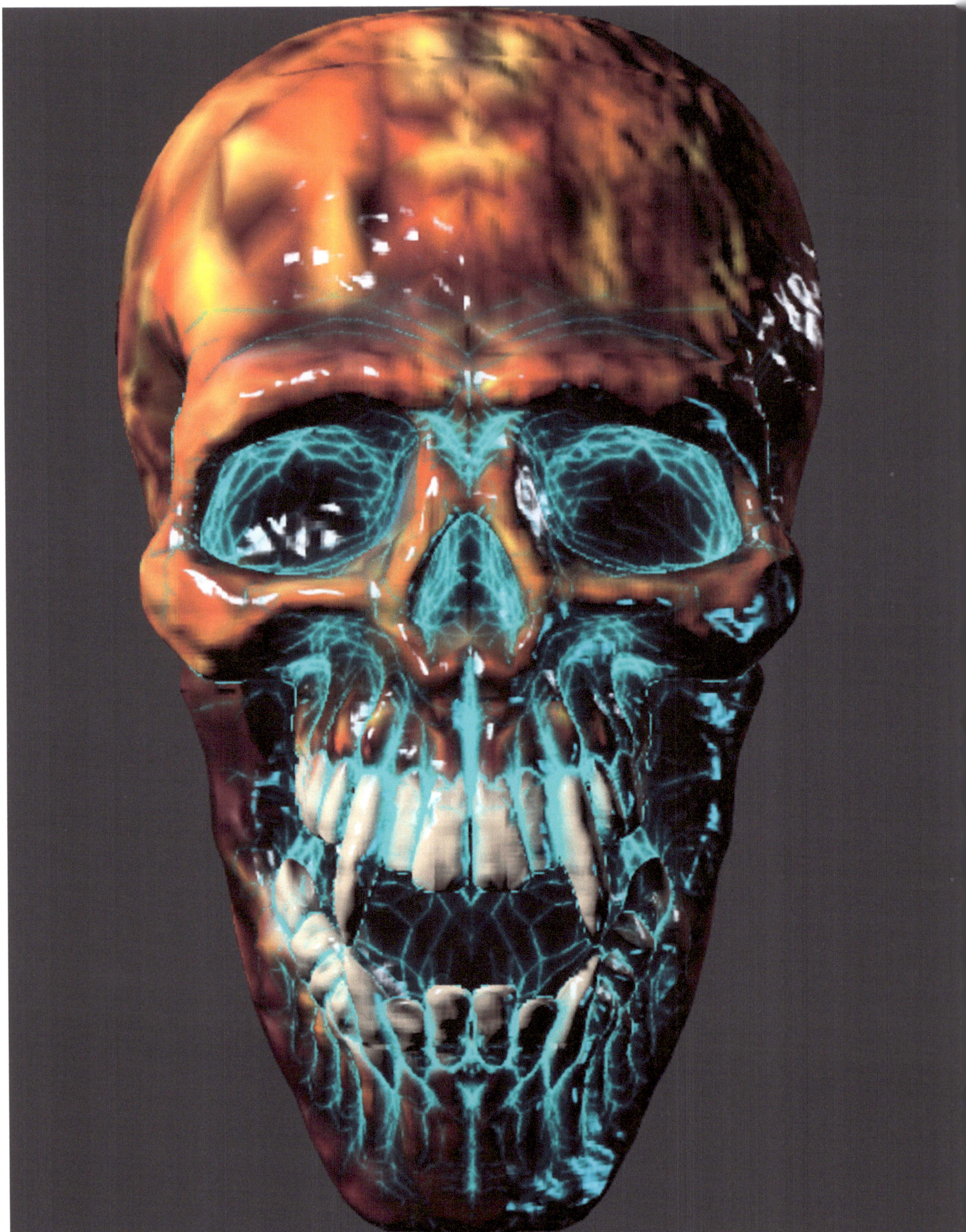

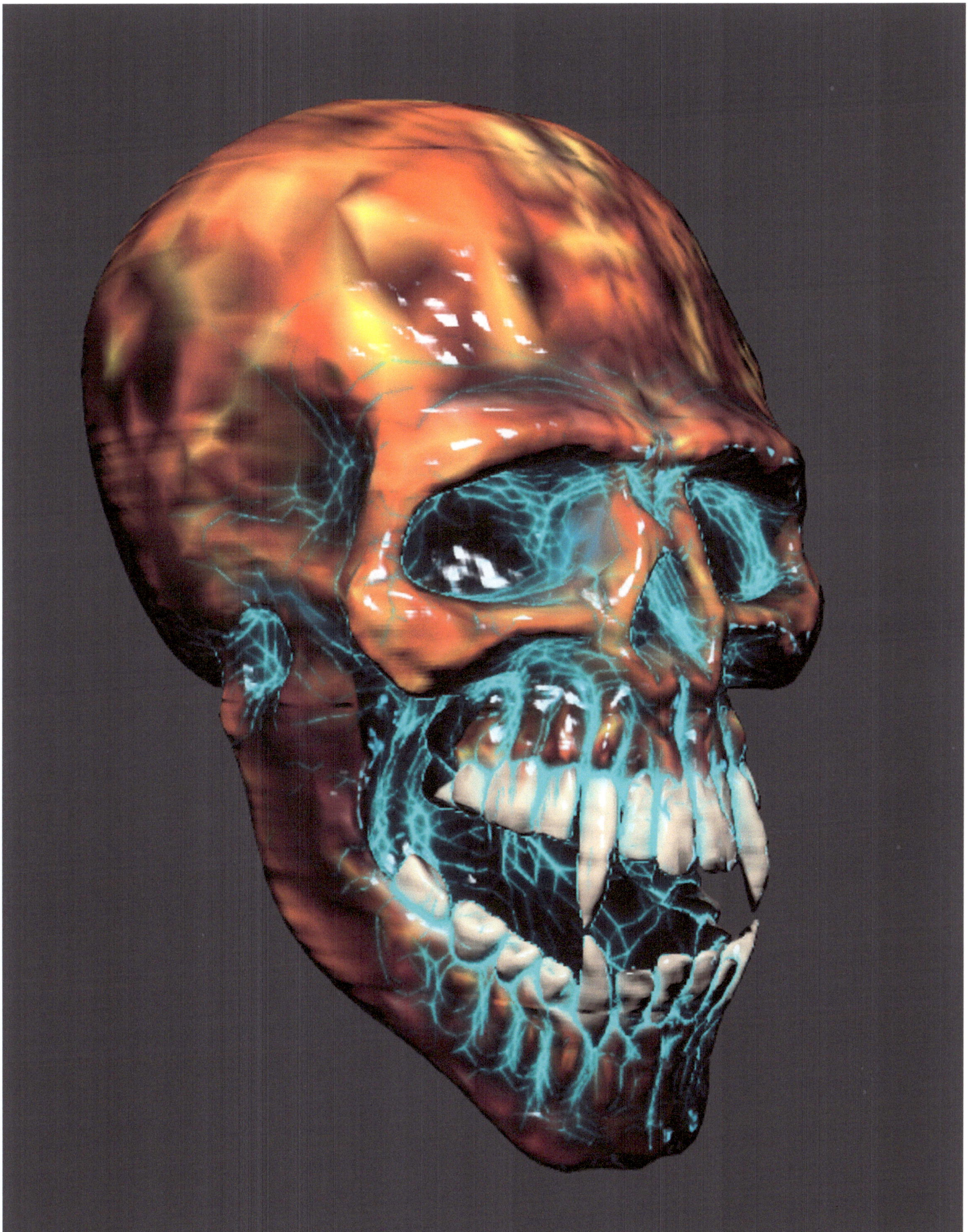

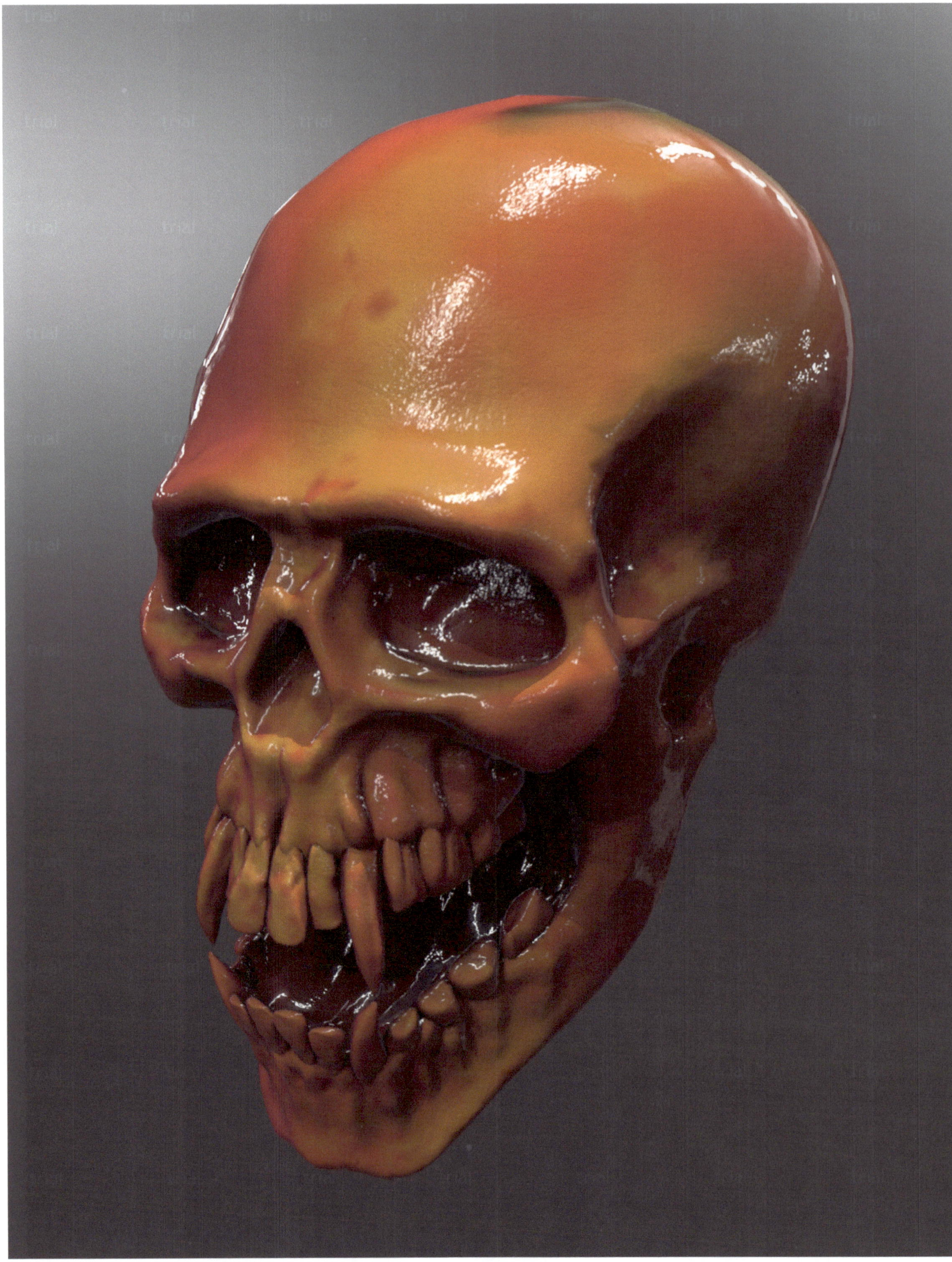

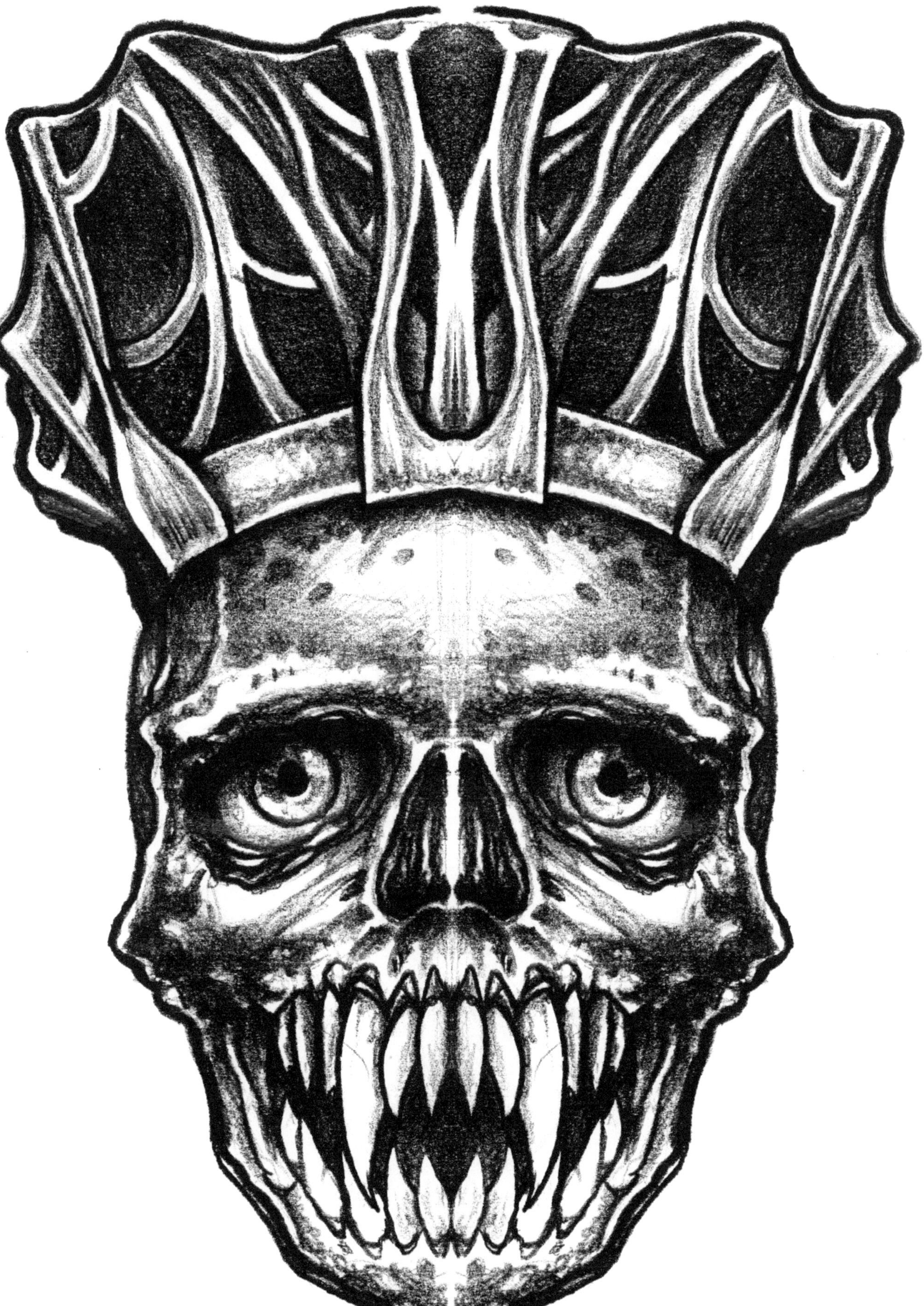

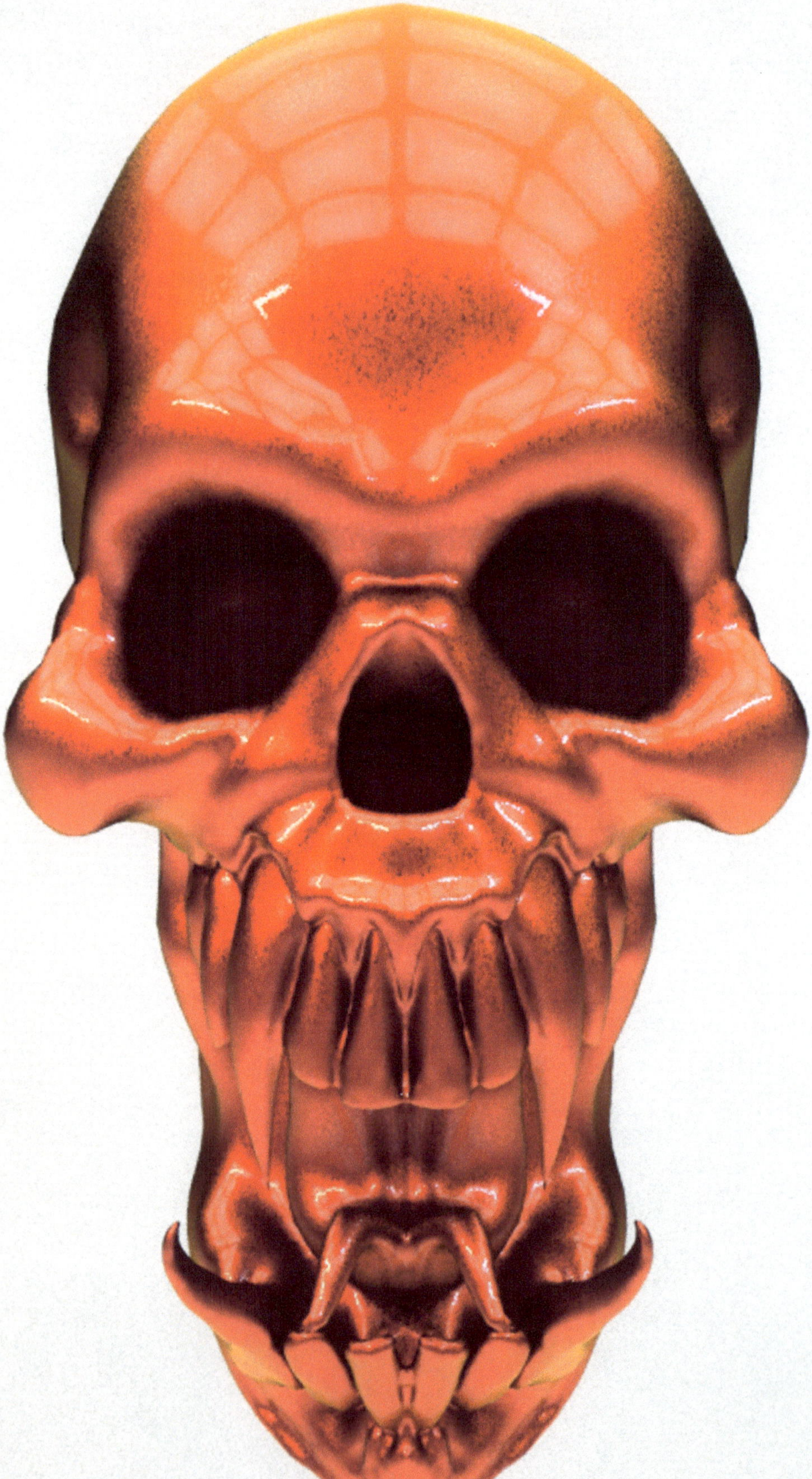

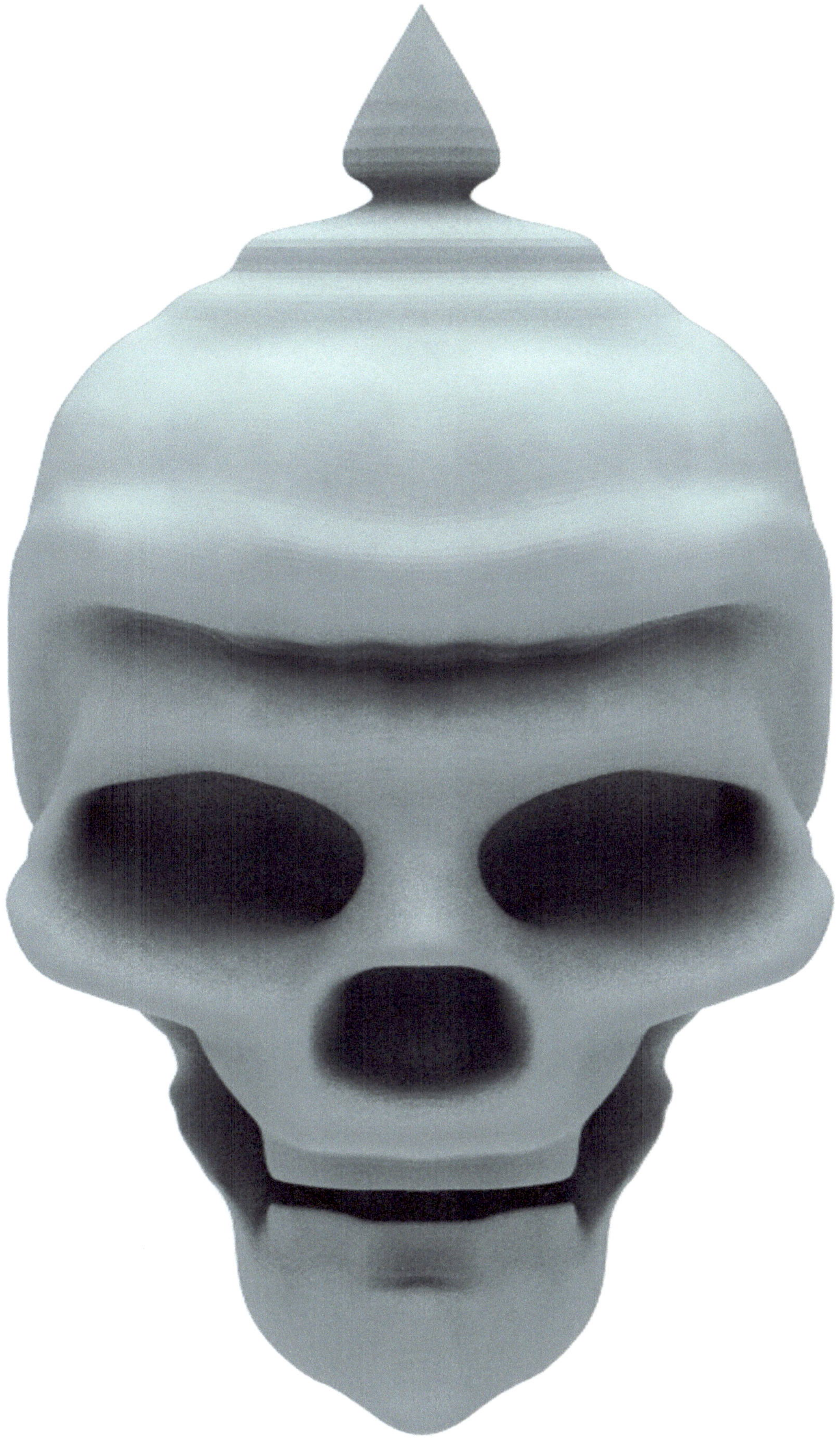

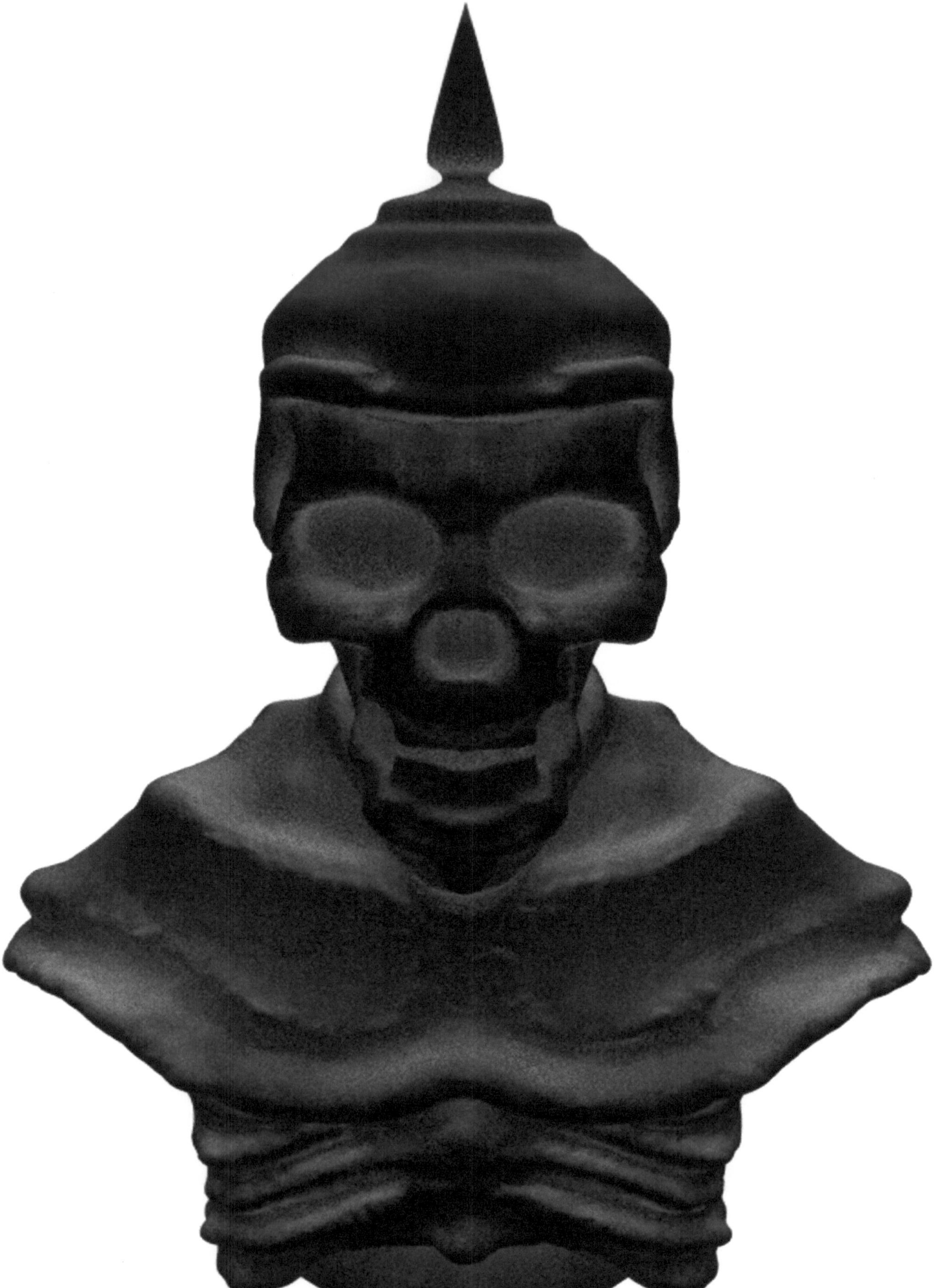

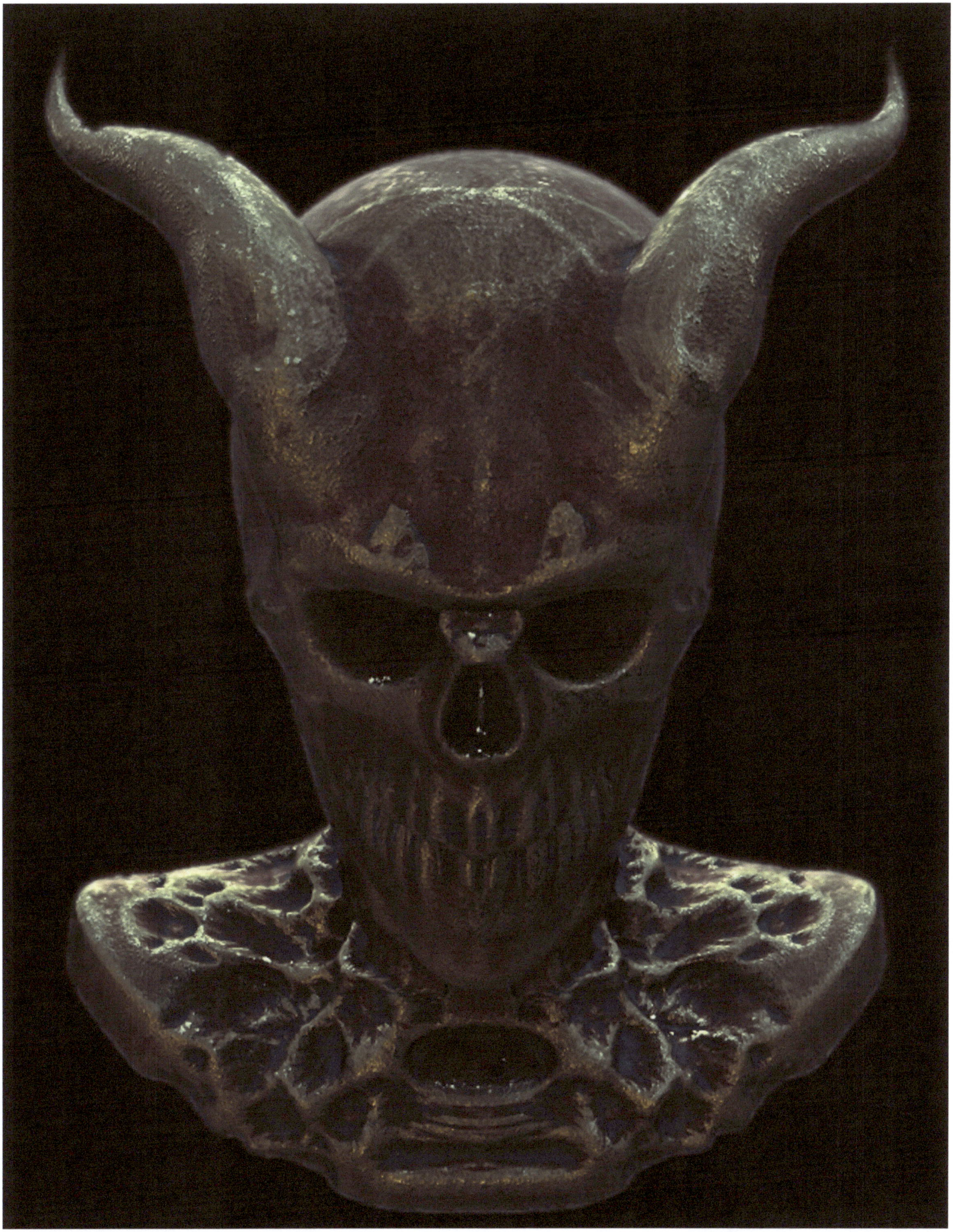

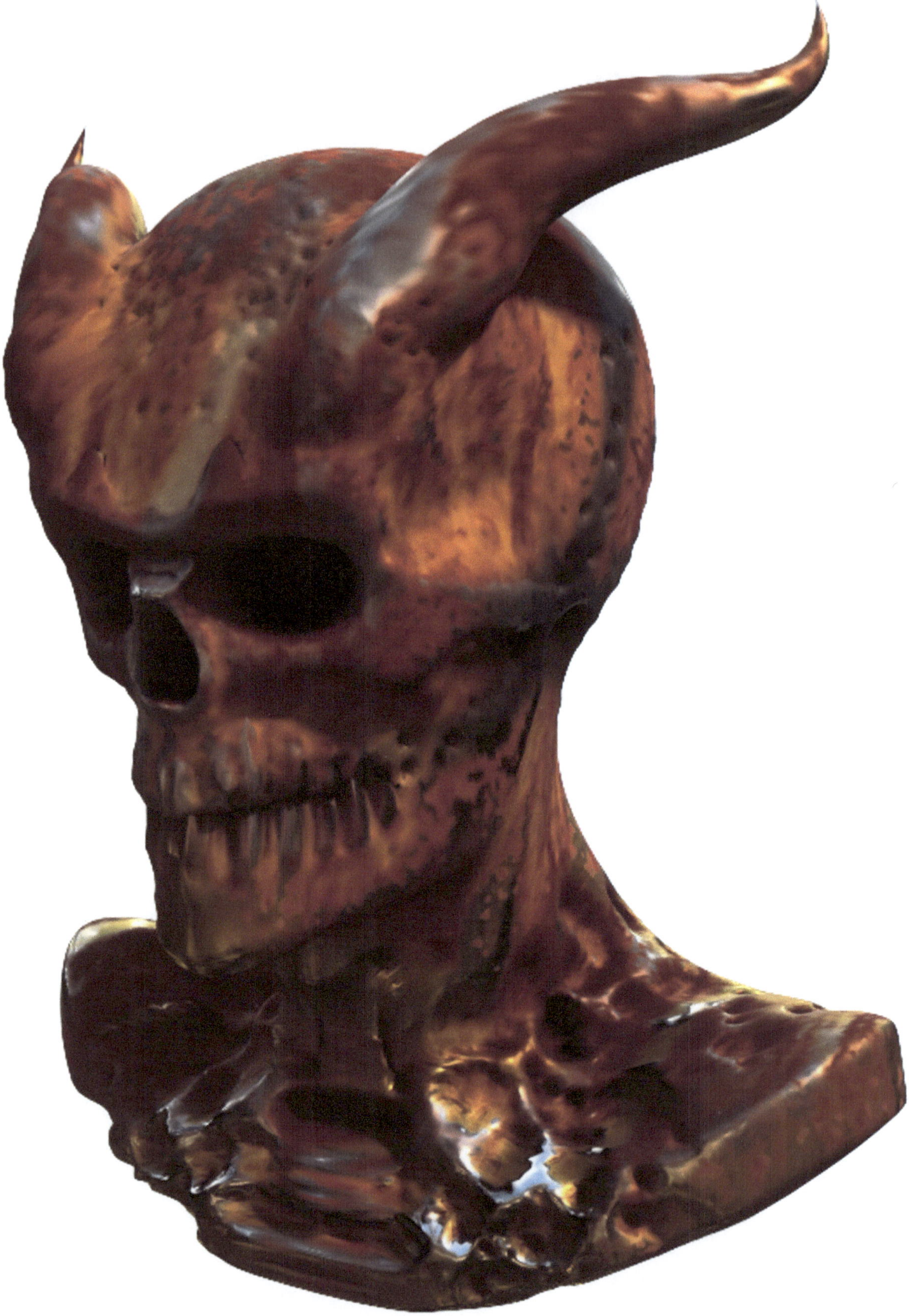

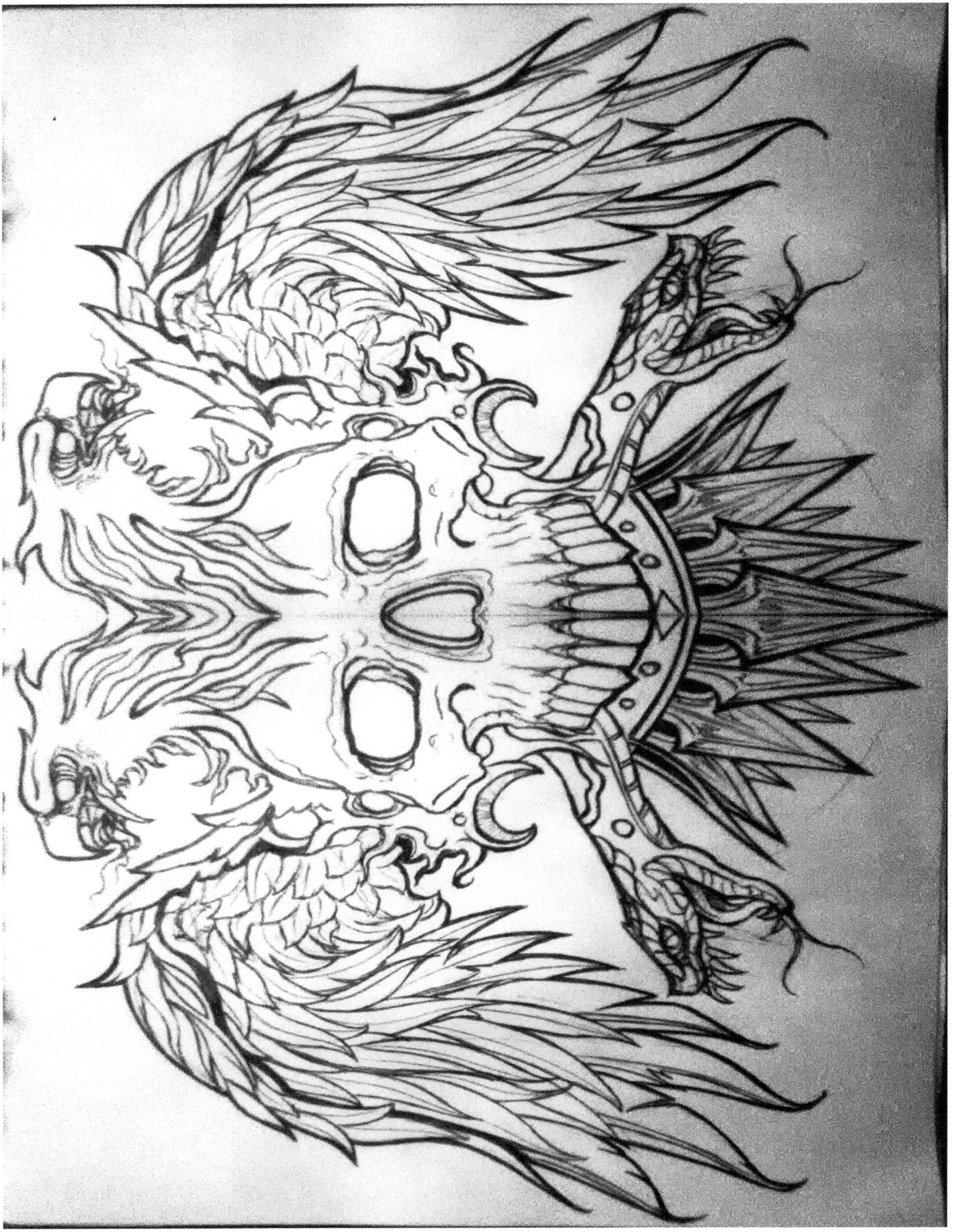

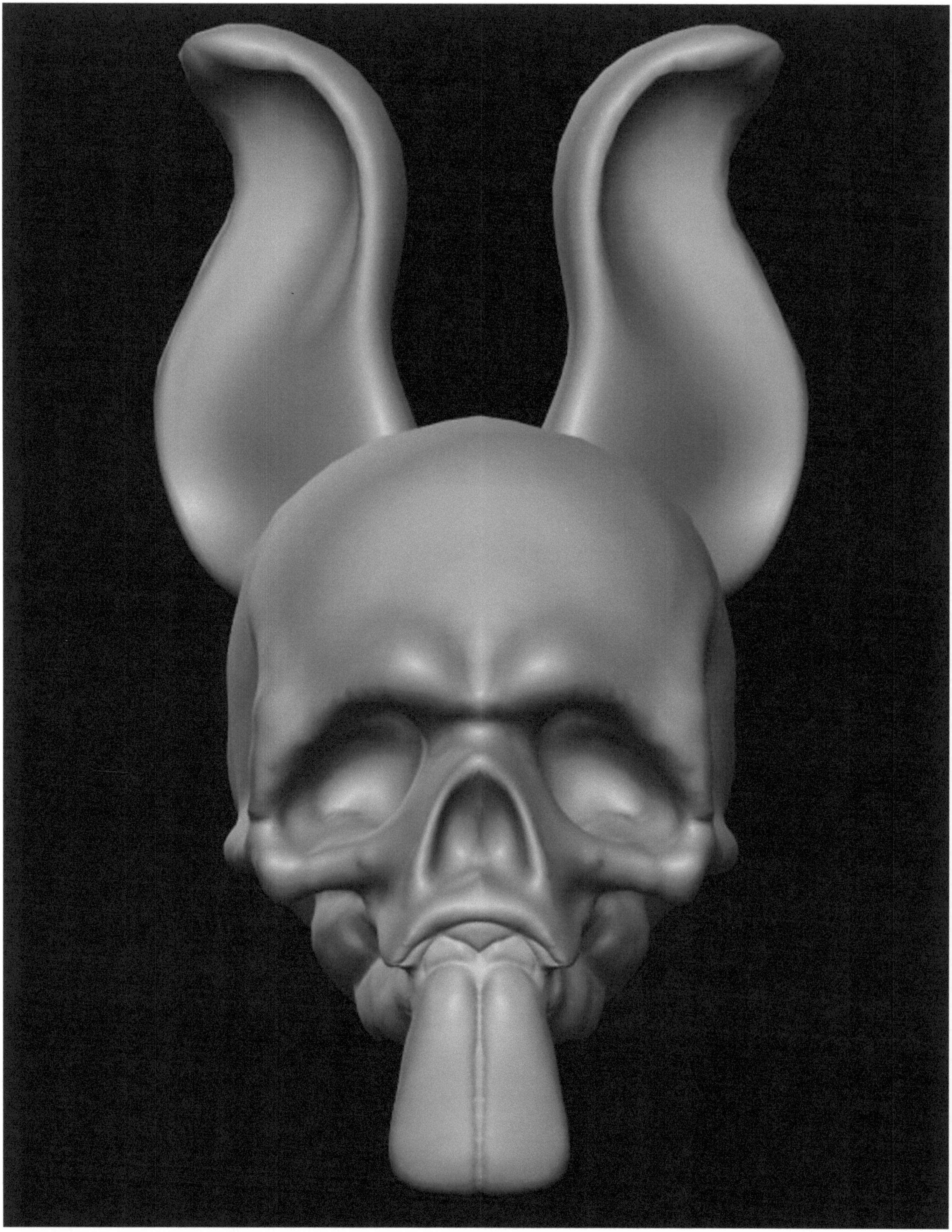

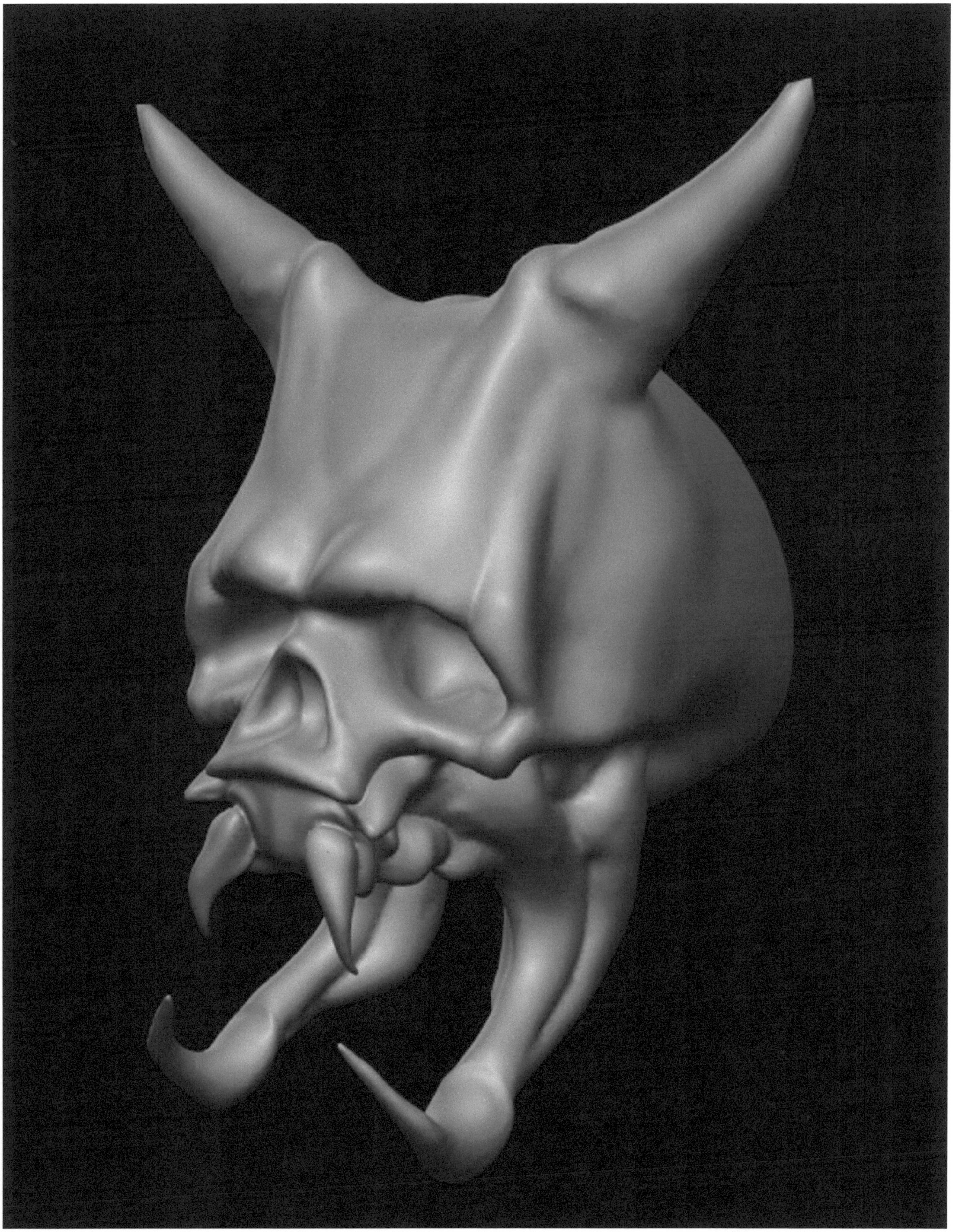

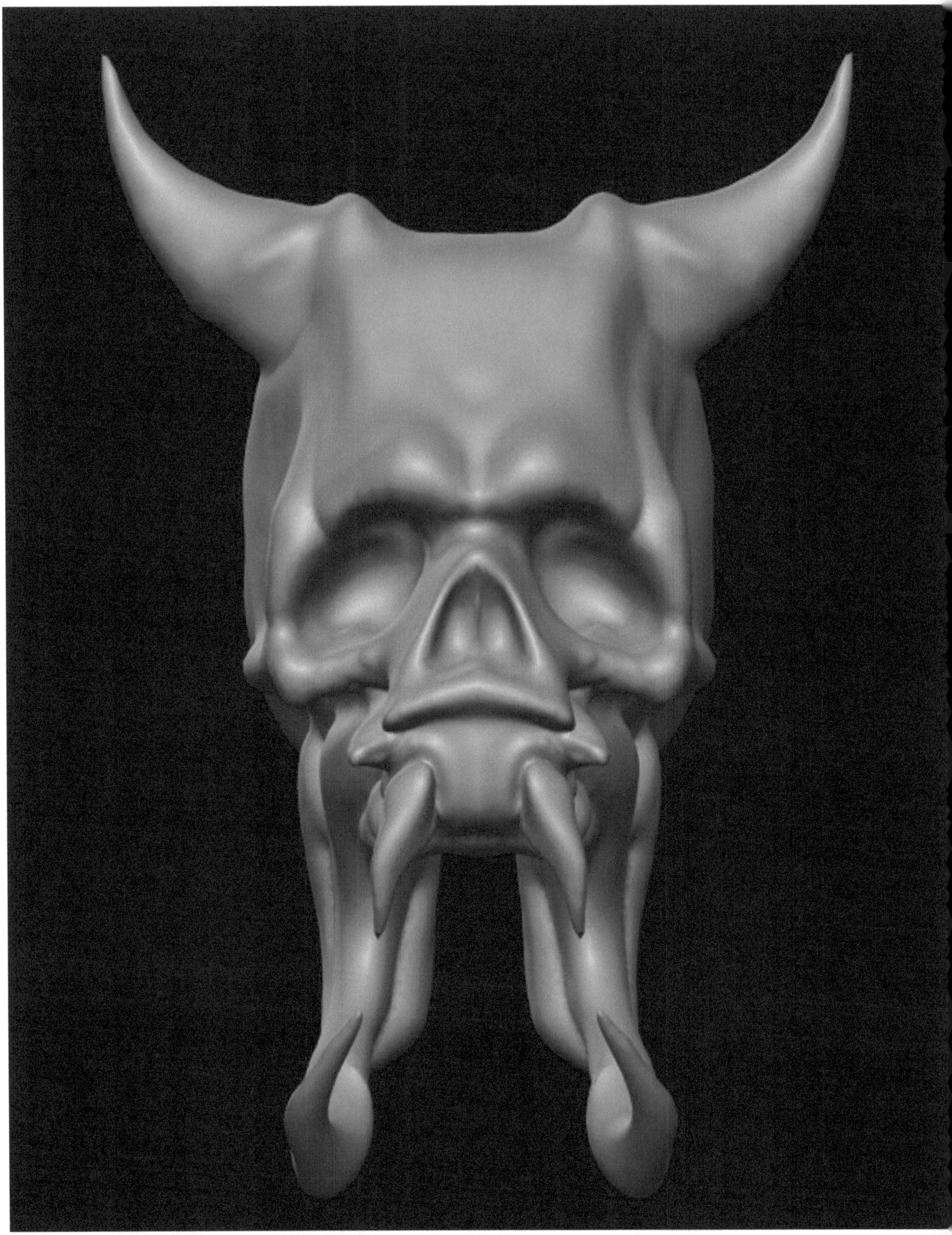

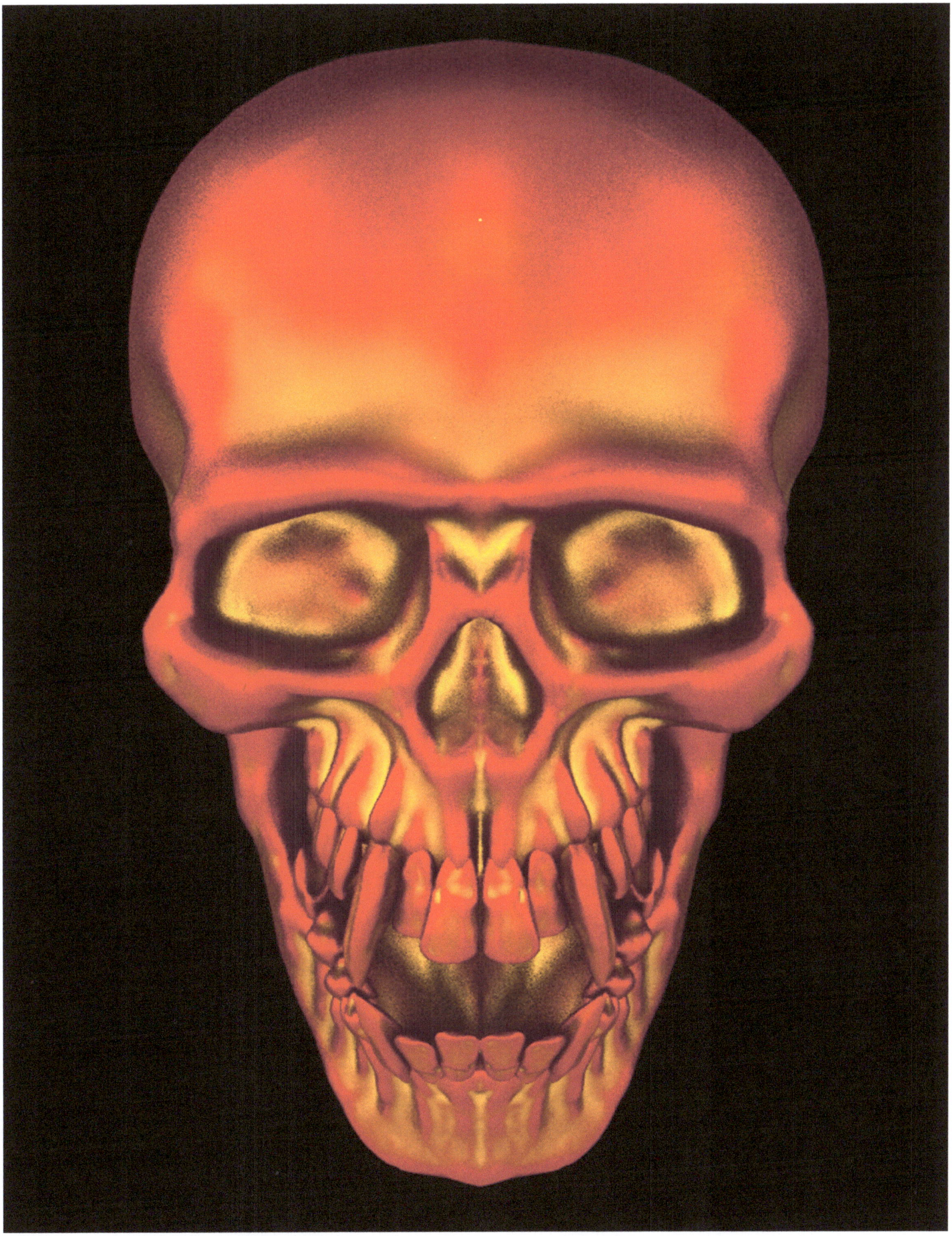

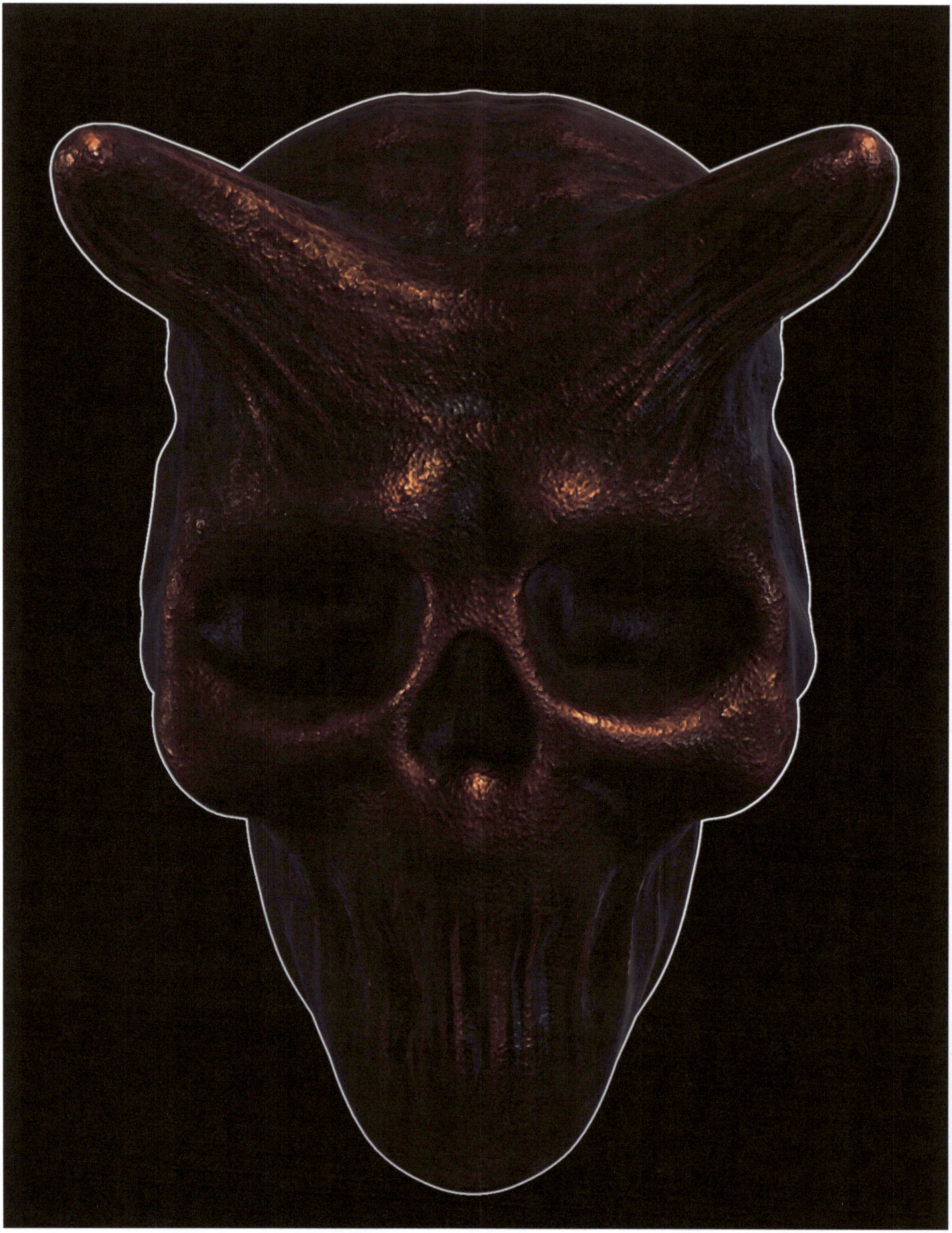

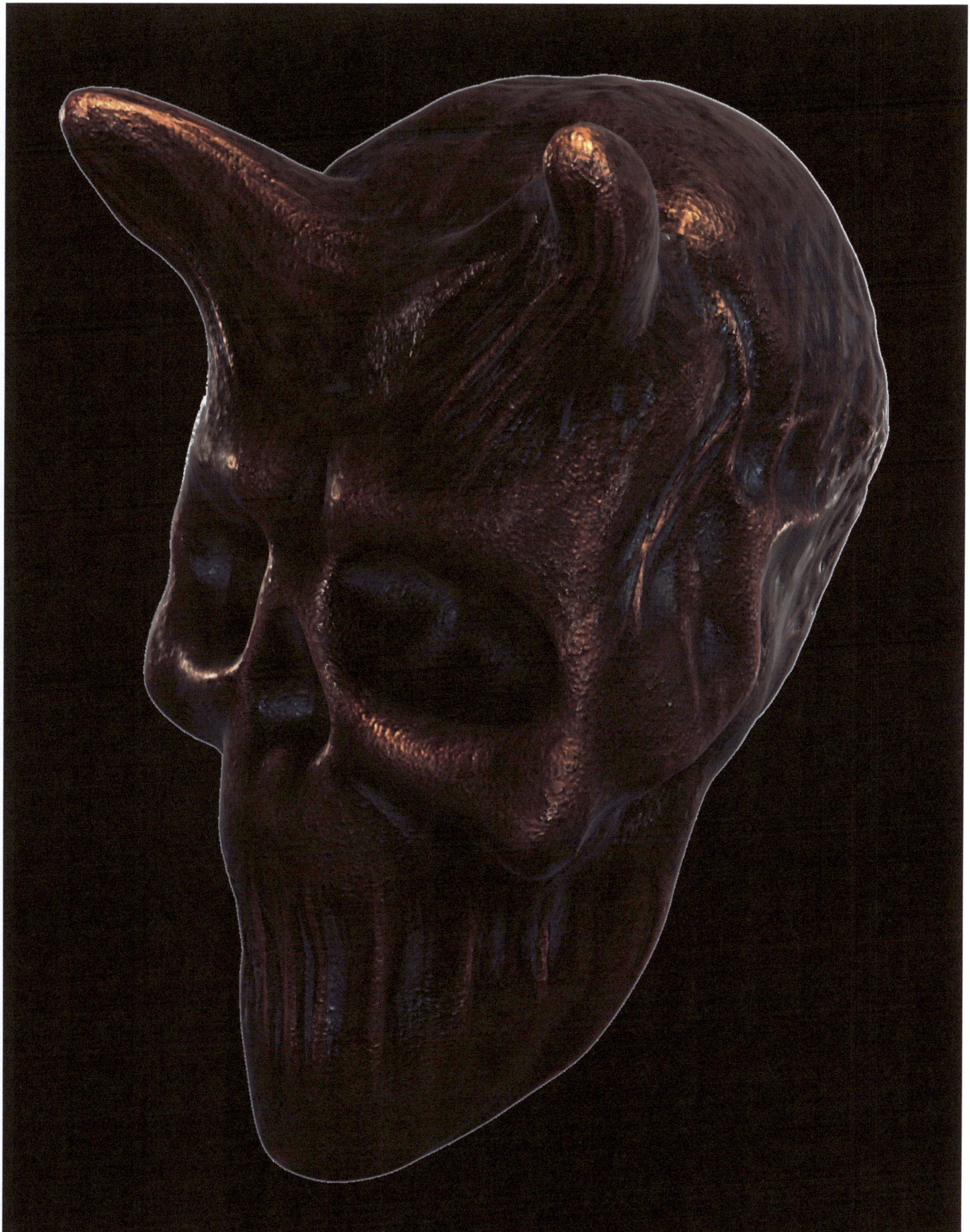

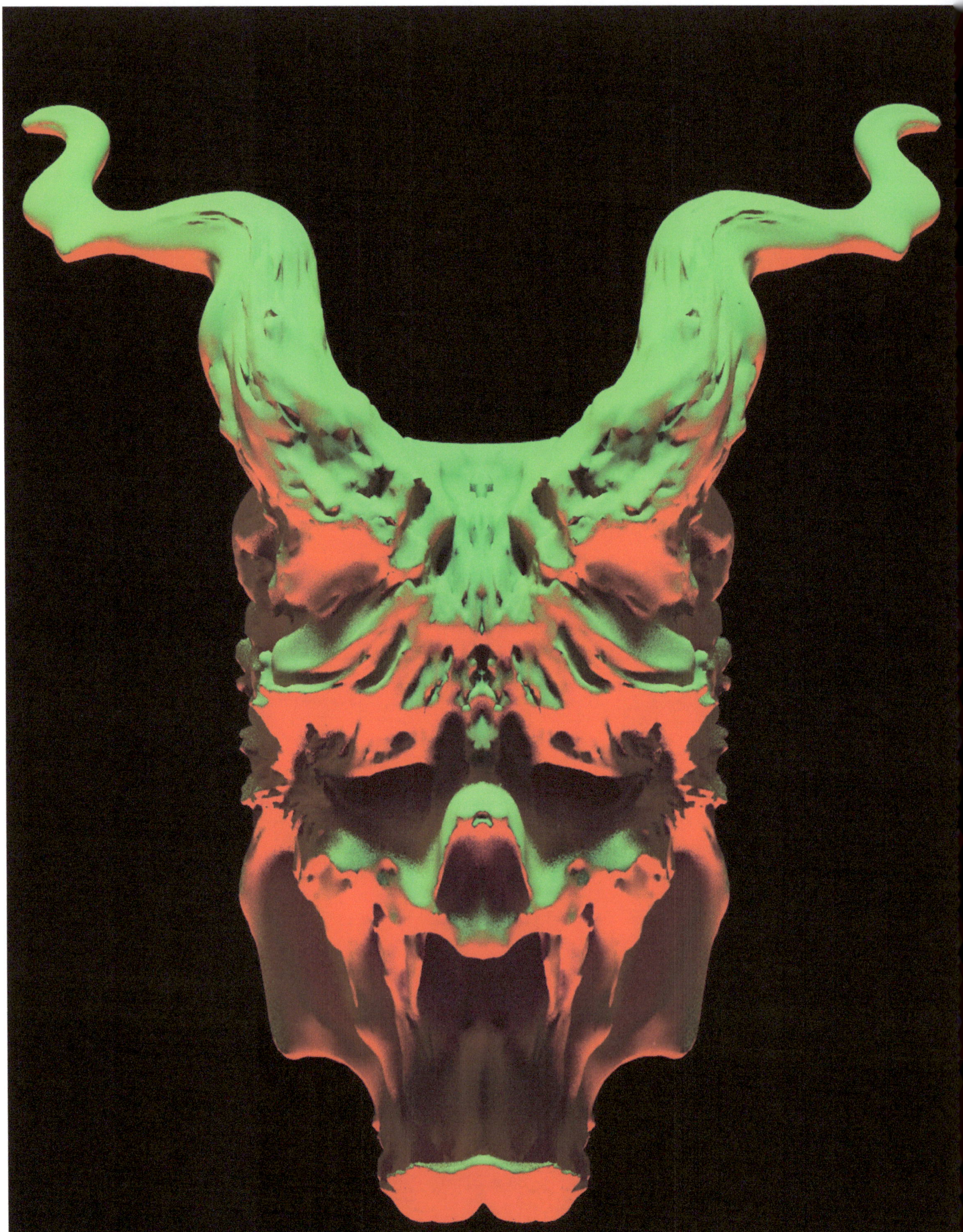

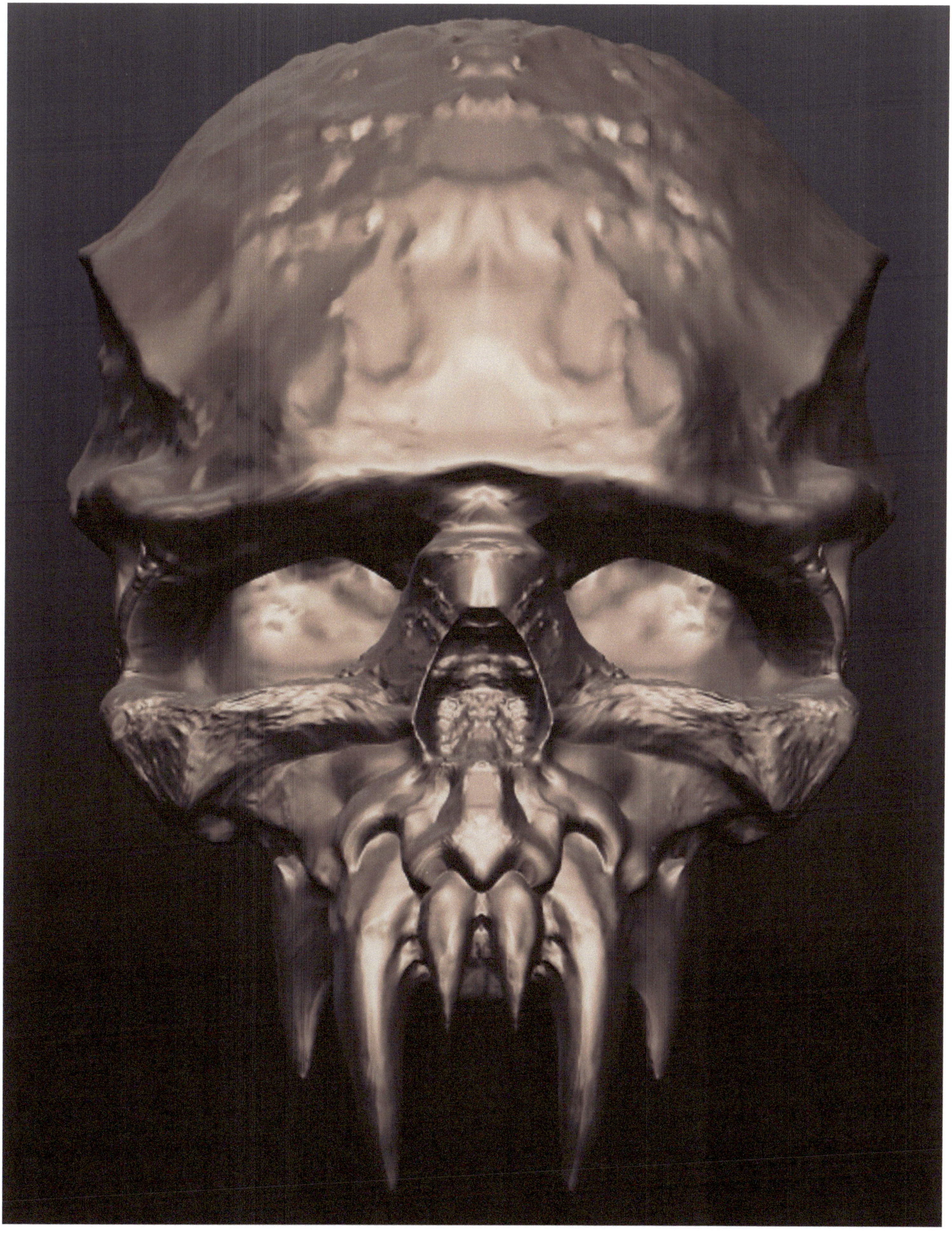

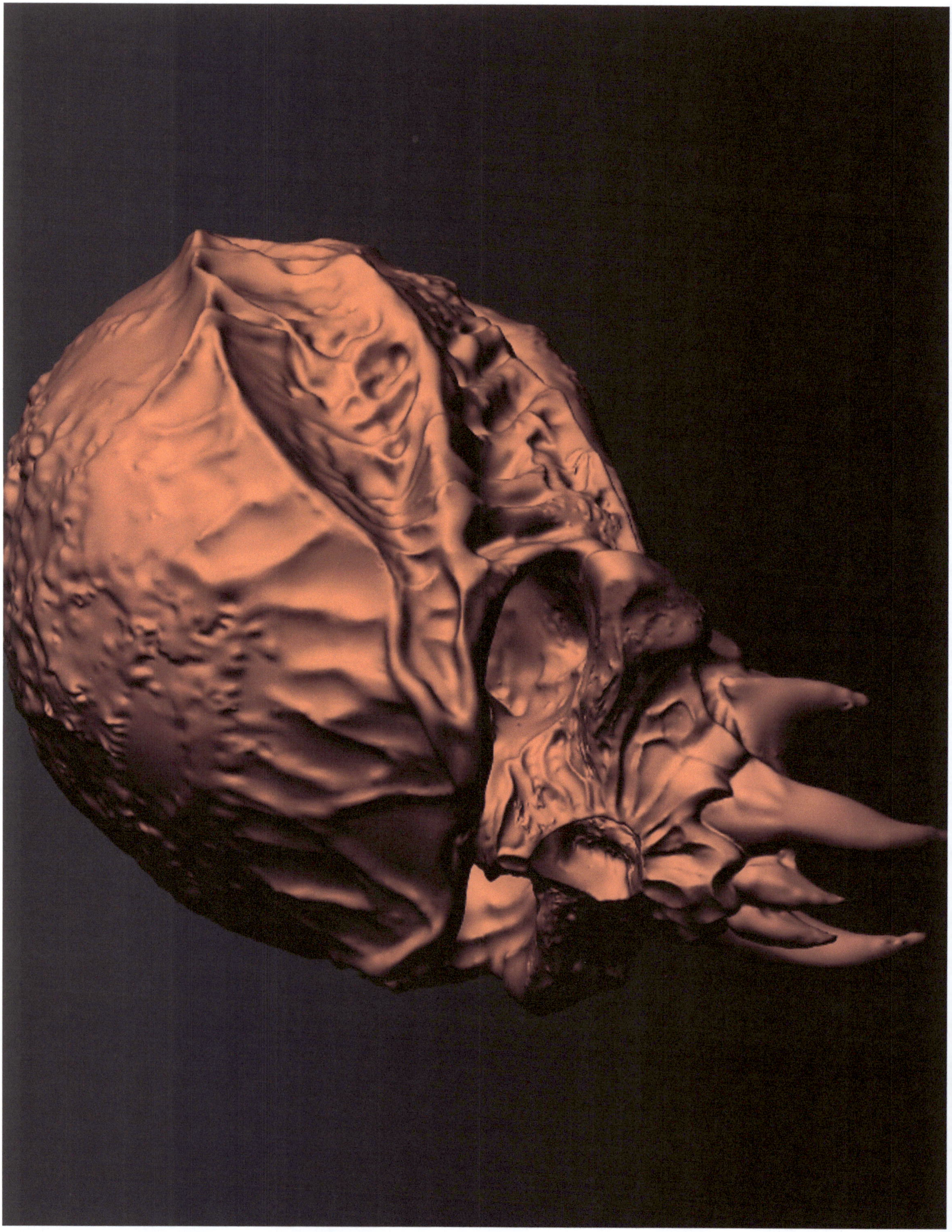

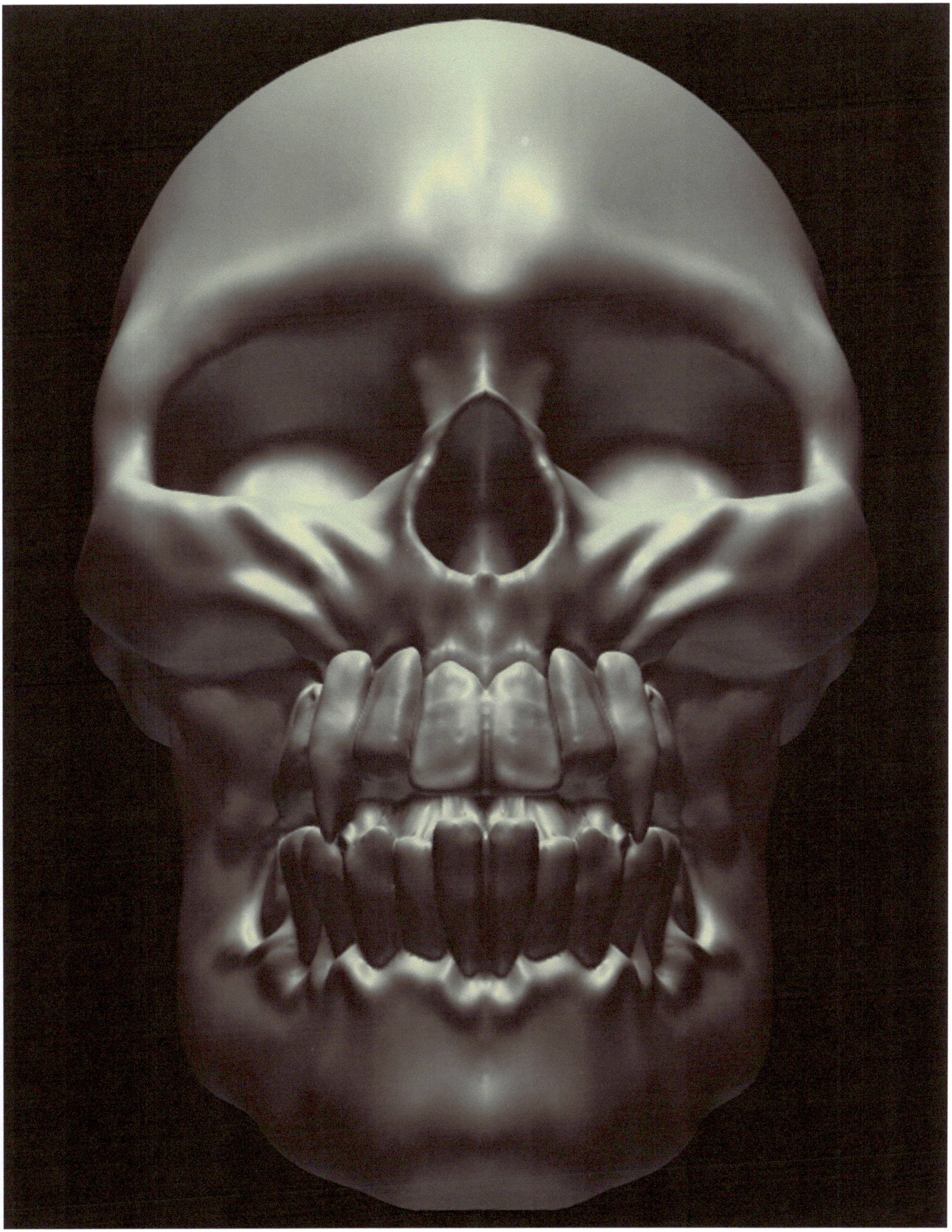

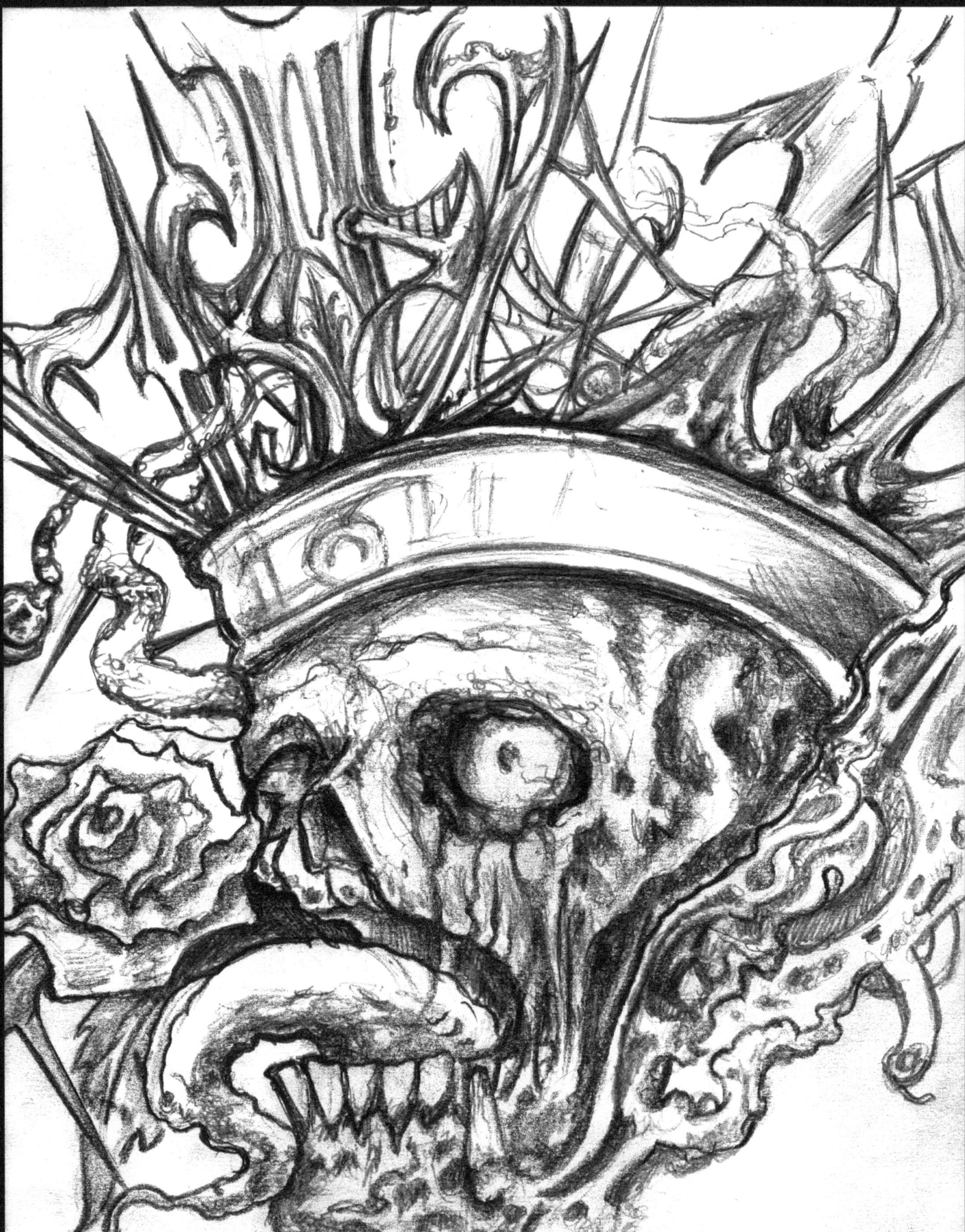

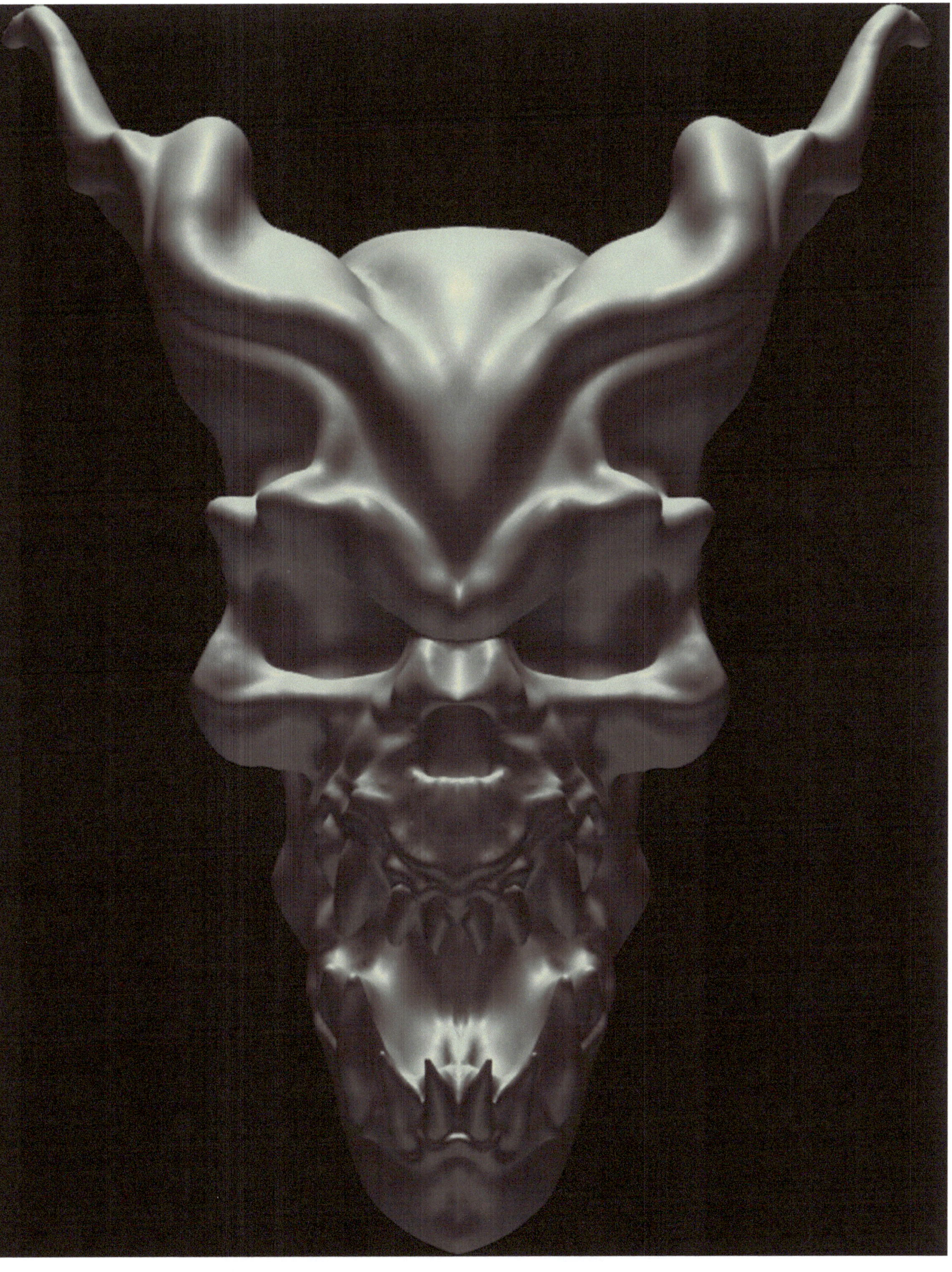

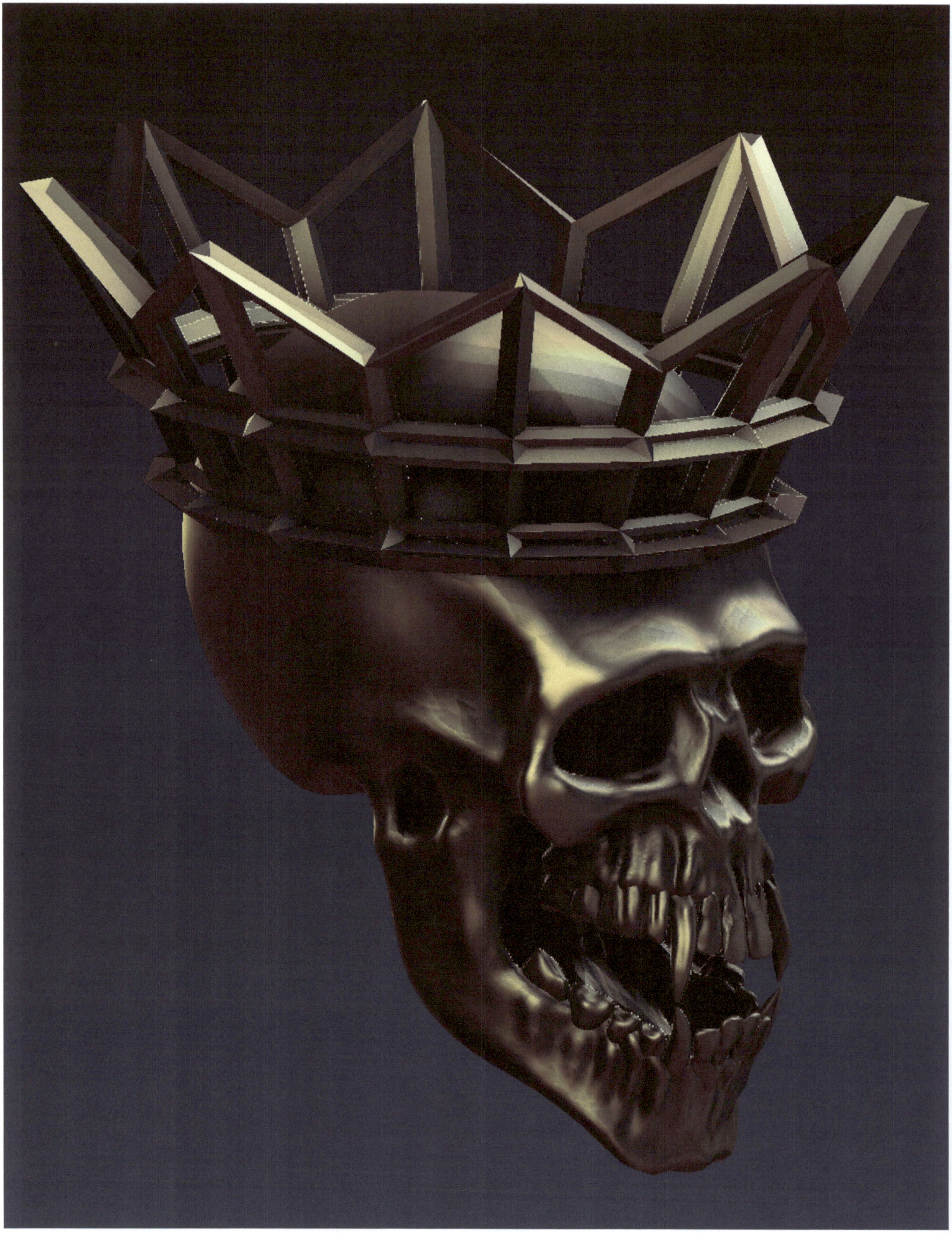

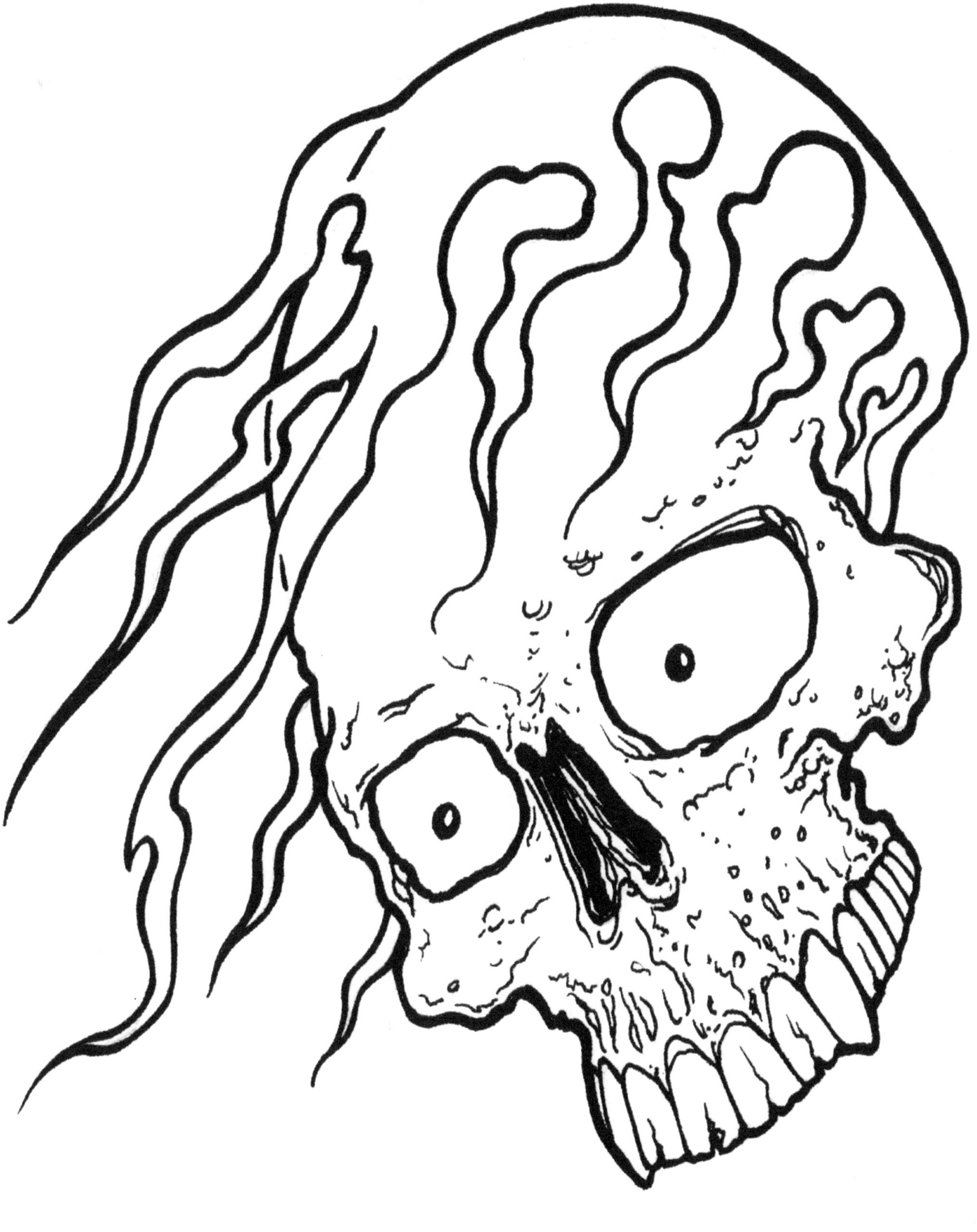

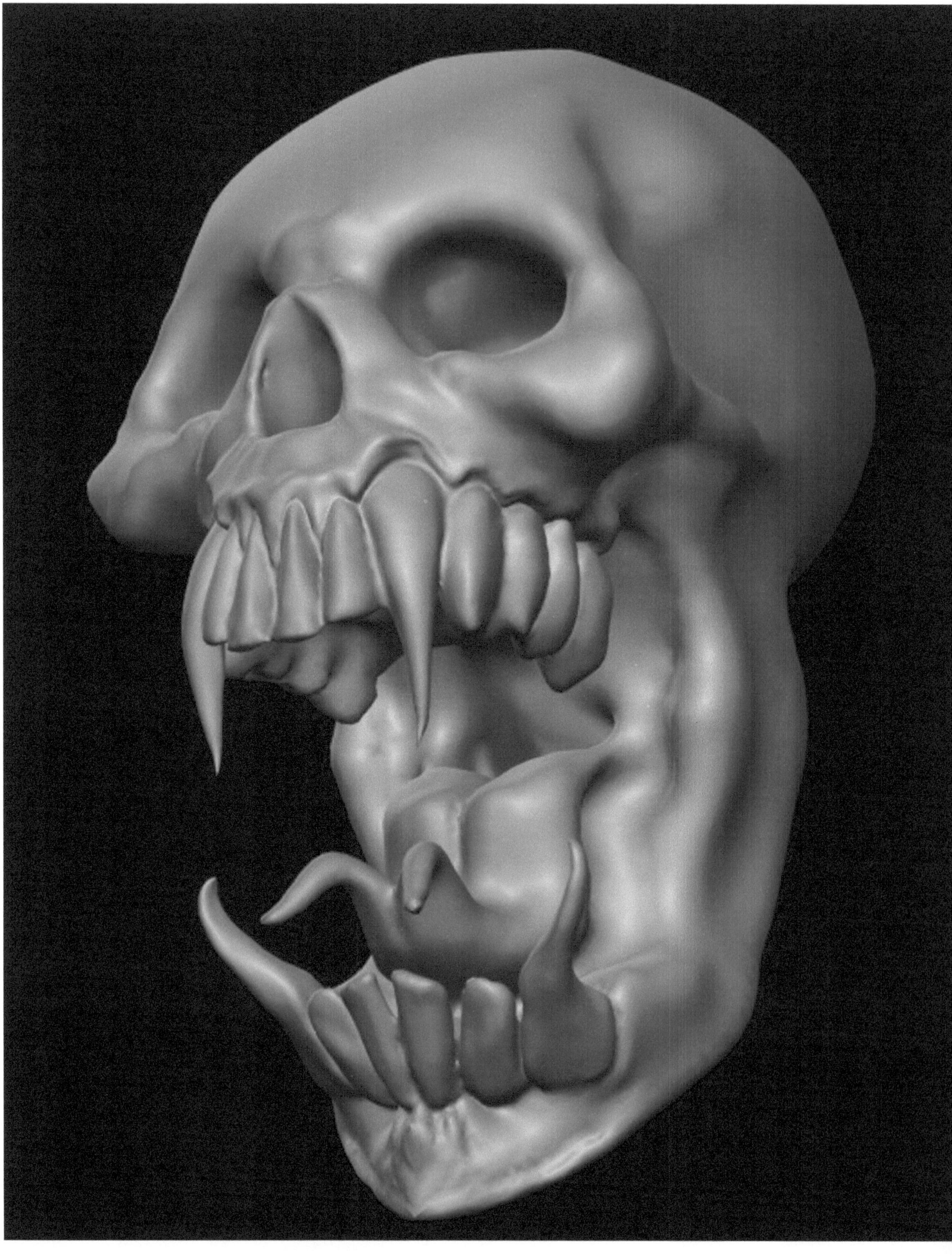

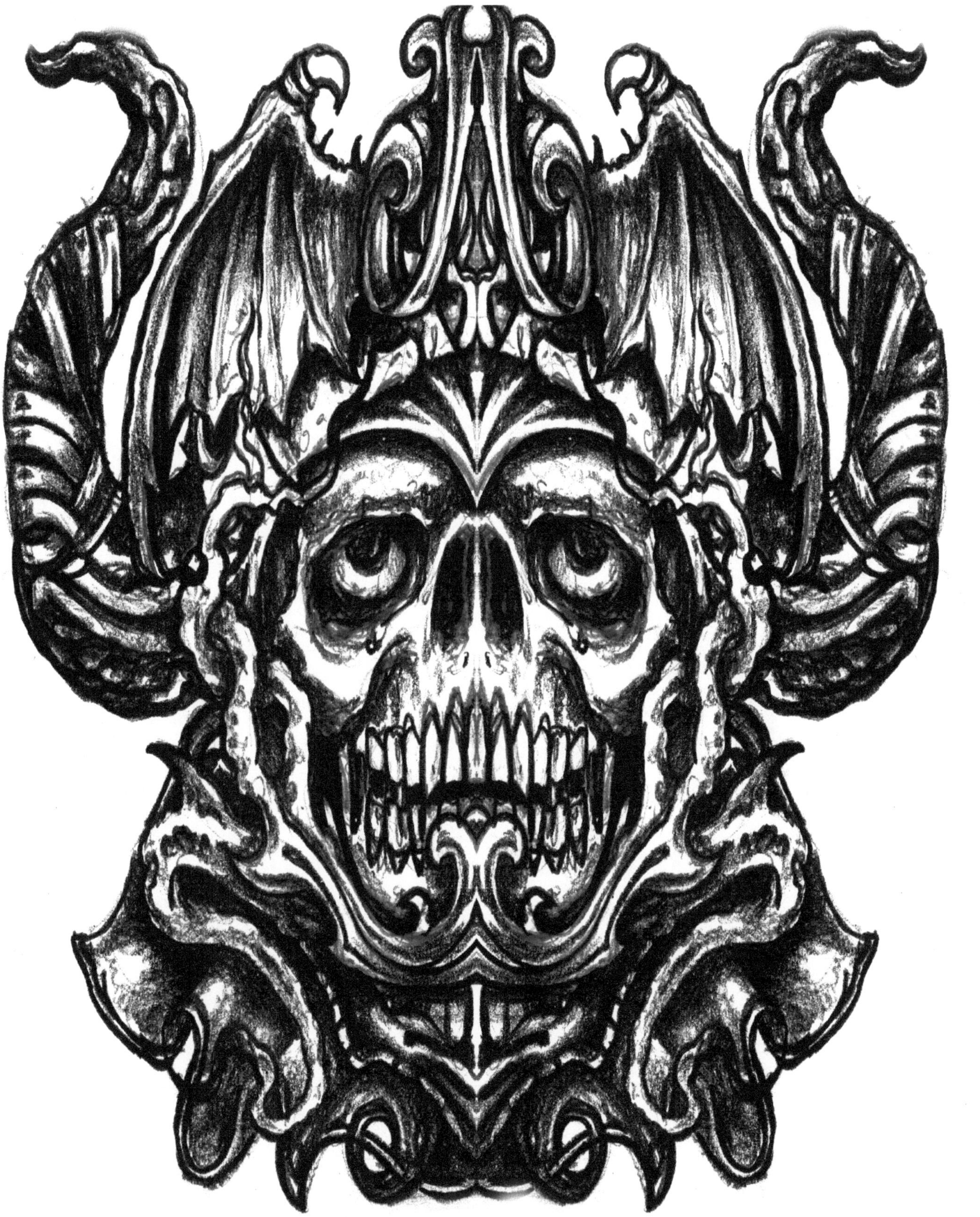

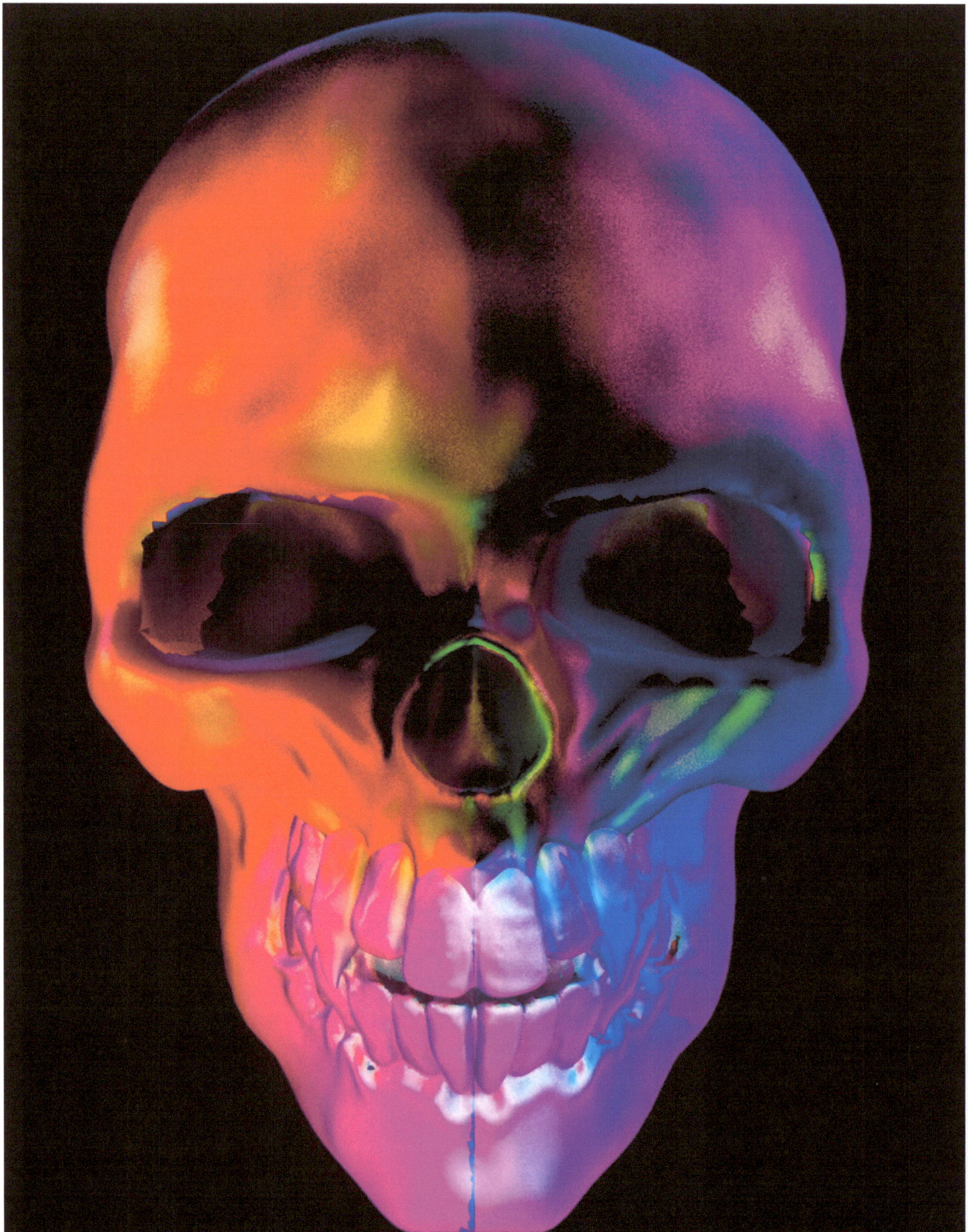

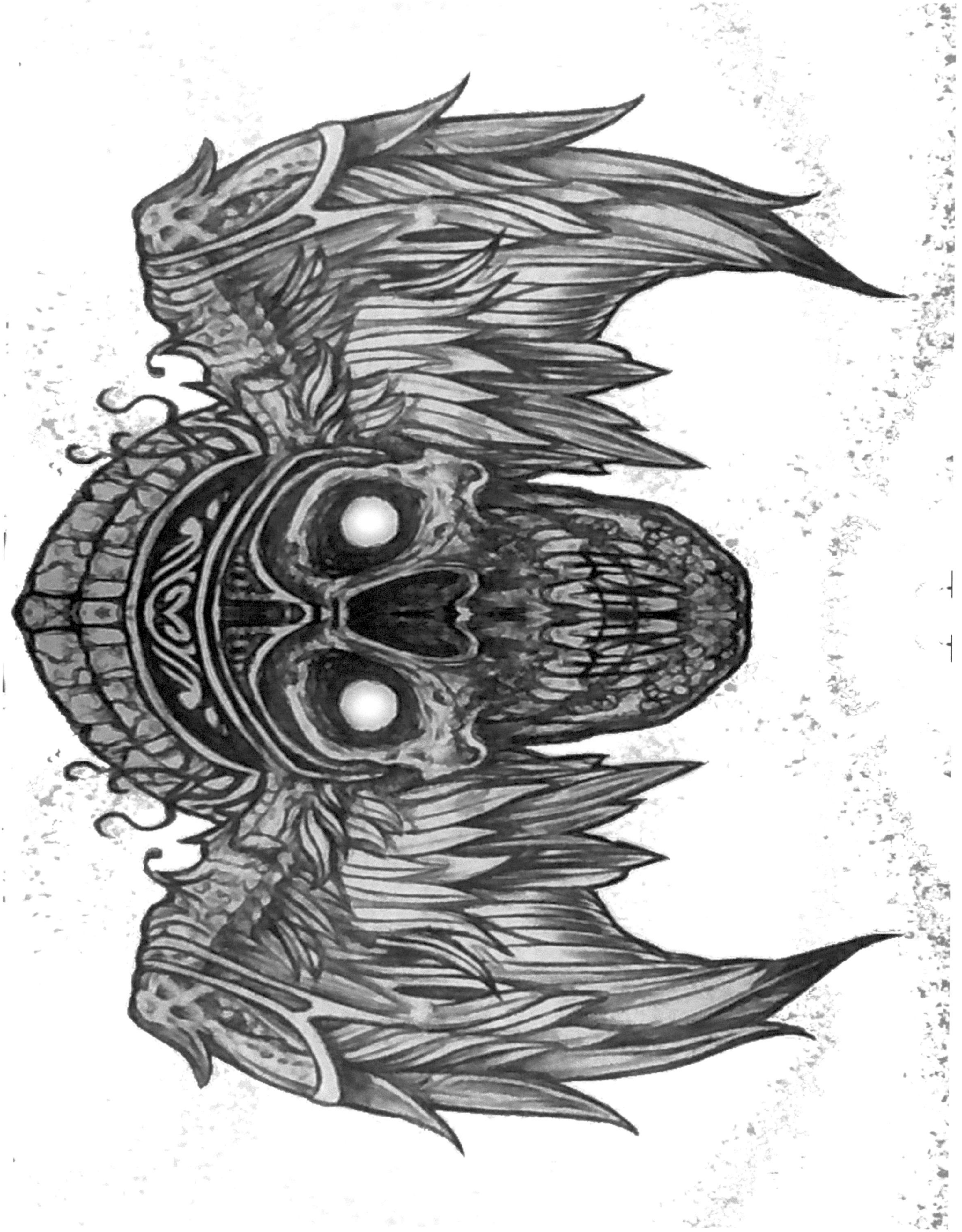

www.ingramcontent.com/pod-product-compliance
Lightning Source LLC
Chambersburg PA
CBHW051207220526
45473CB00003B/937
9781719232449